ESTRATÉGIA
EM UMA SEMANA

Stephen Berry

ESTRATÉGIA
EM UMA SEMANA

Tradução
Ana Paula Peicher Lisboa

figurati

Título original: Successful strategy in a week
Copyright © 2012 Stephen Berry
Copyright © 2014 by Editora Figurati Ltda.
Todos os direitos reservados

COORDENAÇÃO EDITORIAL: **Equipe Editora Figurati**

COORDENAÇÃO: **Isabel Xavier da Silveira**

PRODUÇÃO EDITORIAL: **Desenho Editorial**

CRIAÇÃO DE CAPA: **Guilherme Xavier**

PREPARAÇÃO DE TEXTO: **Talitha Mattar**

REVISÃO: **Eduardo Haak**

Texto de acordo com as normas do Novo Acordo Ortográfico da Língua Portuguesa (Decreto Legislativo nº 54, de 1995)

DADOS INTERNACIONAIS DE CATALOGAÇÃO NA PUBLICAÇÃO (CIP)
(CÂMARA BRASILEIRA DO LIVRO, SP, BRASIL)

Berry, Stephen
   Estratégia em uma semana / Stephen Berry; tradução Ana Paula Peicher Lisboa. -- São Paulo: Figurati, 2014.

   Título original: Successful strategy in a week.
ISBN 978-85-67871-01-1

   1. Planejamento estratégico I. Título.

14-02962   CDD-658.4012

Índices para catálogo sistemático:

1. Planejamento estratégico: Administração de empresas   658.4012

figurati

Direitos cedidos para esta edição à
Editora Figurati Ltda.

Rua James Watt, 84 - Conj. 121 - Jd. Edith
CEP 04576 050 - São Paulo - SP
Tel. (11) 5505-3290
E-mail: atendimento@editorafigurati.com.br
Visite nosso site: www.editorafigurati.com.br

2014
Impresso no Brasil
Printed in Brazil

Sumário

Introdução 06

Domingo 08
　Entenda o que a estratégia é e o que ela não é

Segunda-feira 24
　Entenda o que motiva a estratégia e o que
　a estratégia motiva

Terça-feira 38
　Entendendo a estratégia interna

Quarta-feira 56
　Entendendo a estratégia de marketing

Quinta-feira 74
　Entendendo a estratégia de marca

Sexta-feira 90
　Entendendo a estratégia competitiva

Sábado 108
　Mantendo a estratégia

Sobrevivendo em tempos difíceis 124
Respostas 127

Introdução

Para a maioria dos aspirantes a gerente, em algum ponto de sua carreira, seu plano de desenvolvimento pessoal incluirá a demanda por ter maior habilidade em pensamento estratégico. Temos a percepção que executivos operando no Conselho Administrativo têm essa "habilidade em pensamento estratégico", mas raramente encontram o caminho para obtê-la por si mesmos. O propósito deste livro é mostrar este caminho. A estratégia, como qualquer outra disciplina, pode ser aprendida e praticada. Este livro leva o leitor a uma jornada para explorar o que a estratégia empresarial é, como ela se encaixa no contexto de negócio e fornece uma análise de estratégias internas e externas, de *marketing*, de marca e competitiva.

Para avançar para uma posição executiva, uma ampla gama de habilidades e atributos é necessária. Aspectos como boa capacidade de liderança e comunicação, conhecimento comercial e a habilidade de entender outras pessoas são necessários. Ao lado desses elementos vitais está a necessidade de se ter uma boa dose de pensamento estratégico.

Um bom pensamento estratégico é um enorme prêmio nos negócios. Com muita frequência vemos erros primários cometidos por executivos muito bem pagos que, sem dúvida, deveriam saber mais. Vemos negócios em nichos bem-sucedidos tentarem ir além e perceberem que isso foi um grande erro. Vemos empresas bem-sucedidas cambalearem devido a uma inabilidade em ver ameaças ou oportunidades. Vemos empresas expandindo excessivamente seu mercado e se perguntando por que tropeçaram. Os livros sobre história dos negócios são repletos de empresas que supostamente exibiam um grau de "excelência", mas falharam; empresas que supostamente foram "feitas para durar", mas claramente não eram; empresas que supostamente estavam mudando de "bom para ótimo", mas o tempo as levou à mediocridade ou mesmo ao colapso.

A empresa americana Levi Strauss foi a primeira fabricante de calças jeans – eles tinham 100% do mercado. Eles decidiram que não eram do nicho de fornecedores de jeans, mas sim "fabricantes de roupas". Essa expansão e a incapacidade de lidar com novos concorrentes no mercado de jeans significaram que em 2010, o que antes era 100% do mercado caiu para apenas 10 %.

A empresa alemã Mercedes-Benz era a marca de carro escolhida por muitos executivos. A posse desse ambicioso veículo icônico era, a certa altura, sinal de sucesso profissional. Espalhando-se por todo o mercado com uma gama de veículos cômicos como Classe A, Classe B, Classe M e Classe R, para muitos executivos eles perderam seu caráter ambicioso e fabricantes como Jaguar, propriedade da empresa indiana Tata, estão beneficiando-se, preenchendo essa lacuna.

O Royal Bank of Scotland começou a se preocupar com a expansão e falhou ao não notar os avisos evidentes quando negociava com o banco holandês ABN-AMRO. Essa fusão contribuiu para a falência do banco, que foi em sequência resgatado pelos contribuintes britânicos de maneira semelhante ao American Insurance Group, que foi resgatado pelos contribuintes americanos. Os contribuintes agora são os proprietários de negócios falidos que não entenderam suas estratégias adequadamente.

Neste livro iremos explorar os fracassos e sucessos e iremos oferecer a plataforma para o leitor adquirir as habilidades vitais do pensamento estratégico.

DOMINGO

**Entenda o que é
e o que não é
estratégia**

As pessoas querem dizer coisas diferentes quando usam a palavra "estratégia". É fácil definir linguisticamente – ela deriva das palavras gregas *stratos* (exército) e *ago* (liderar) e, como tal, significa liderar exércitos.

No entanto, essa não é uma definição útil para os negócios – a analogia militar, como veremos mais tarde, geralmente não é uma analogia útil. A estratégia adquiriu uma mística de algo que é alcançado por seres altamente inteligentes na sala de reuniões contemplando coisas tão difíceis de imaginar que aqueles fora da sala simplesmente não iriam entender. Isto não é muito útil. A estratégia é simples. É sobre como estabelecer onde você quer estar e planejar como chegar lá. Este capítulo desmistifica alguns mitos da estratégia e descreve alguns dos vários significados que as pessoas dão à palavra. Para ser um pensador estratégico eficiente, precisamos evitar os mitos e "falar" cada um desses significados fluentemente, com a habilidade de se mover entre eles com destreza. Esses "significados" são todos estratégia – todos eles são a resposta certa – então, não escolha entre eles; entenda todos.

Para os mitos e significados, usarei algumas ideias já disponíveis. Os mitos serão retirados do meu livro *Strategies of the Serengeti* e os diversos significados serão minhas adaptações daqueles usados por Henry Mintzberg *et al.* no livro *Safári de estratégia*. Então, com um tema africano para nossa jornada (jornada é *safari* em Swahili e o Serengeti é uma vasta planície que se estende pela Tanzânia e Quênia), vamos primeiramente considerar o que a estratégia não é.

A estratégia não é militar

Muito de nossa terminologia de negócios tem raízes militares, como o título de "Chief Executive Officer". A estratégia tem uma definição militar – a combinação das palavras *stratos* e *ago*. No entanto, um foco militar para a estratégia de negócios seria desastroso. O foco militar está em derrotar o inimigo. Nos negócios, o foco está em, de forma lucrativa, satisfazer as necessidades dos consumidores. Tratar o consumidor como um inimigo não geraria um negócio que durasse.

Qualquer solução militar tem um objetivo – a vitória. Nos negócios, sucesso contínuo é o alvo. A estratégia almeja sobrevivência de longo prazo e longevidade, não uma única e definitiva "vitória".

Operações militares têm uma esfera limitada de atividade – até mesmo as guerras mundiais não envolveram o mundo inteiro. Os negócios podem escolher ser localmente limitados ou globalmente onipresentes. A esfera da atividade não é limitada à geografia. Não há regra nos negócios que impeça uma empresa madeireira de fazer botas de borracha, e depois cabos de borracha, depois fios dentro dos cabos, depois telecomunicações, depois telefones celulares. Conhecemos a empresa mencionada acima – a gigante finlandesa Nokia – a analogia militar teria sido muito restritiva para seu sucesso.

Algumas analogias e terminologias militares podem ser úteis, então não as deixe de lado. No entanto, o panorama abrangente da estratégia é muito maior, duradouro e engloba muito mais do que os aspectos militares comumente usados para descrever a estratégia.

A estratégia não é só para os superinteligentes

Talvez este seja um mito que é muito lisonjeiro para os executivos procurarem derrubá-lo – apesar de algumas das decisões mencionadas neste livro certamente questionarem a sabedoria de alguns deles, embora com o benefício da retrospectiva. Quando um papel organizacional inclui "responsabilidades estratégicas", é muitas vezes separado como sendo de maior valor e requerendo um calibre maior do que responsabilidades táticas ou operacionais. Como veremos no próximo capítulo, todos os aspectos – estratégico, tático e operacional – são requisitos para o sucesso e cada um é igualmente pontuado como um campo-minado em potencial.

Todos usam a estratégia. Talvez parte de sua motivação para ler este livro seja entender a estratégia e desenvolver sua habilidade com o pensamento estratégico – isto por si só é parte de sua estratégia pessoal para melhorar suas habilidades de negócio, presumivelmente com o objetivo de avançar na carreira ou para o sucesso de seu próprio negócio. A própria leitura deste livro é um ato com intenções estratégicas.

A estratégia é igualmente aplicável a gigantes globais e ao comerciante solitário. Um inteligente estrategista de pequenos negócios que conheço largou a escola com péssimas qualificações e gerencia um salão de cabeleireiros na Inglaterra. Ele o tem dirigido com muito sucesso, com um forte conhecimento sobre os clientes (em geral, uma clientela com mais idade), do mercado (eles querem coerência e o mesmo cabeleireiro da semana passada), dos concorrentes (que estão frequentemente procurando seguir as tendências ou tentando algo novo), sua oferta diferente ao mercado (coerência para seus clientes em um mundo acelerado) e apreciação de sua vantagem competitiva (por exemplo, o que ele faz melhor do que seus concorrentes – reconhecer as exigências de seus clientes e conhecê-los). Ele não chama isso de "estratégia", ele chama de "senso comum dos negócios".

Quando meu filho tinha menos de dois anos, ele embarcou em uma estratégia para adquirir um coelhinho de pelúcia feito por uma de suas irmãs mais velhas em um *workshop* de "faça seu bichinho de pelúcia". Isso exigiu dele mais de seis meses de uma implementação estratégica persistente – mas ele foi bem-sucedido.

Se você, eu, alguém sem qualificações e uma criança podem formular e implementar estratégias com eficiência, o mito foi derrubado – a estratégia não é só para os superinteligentes.

A estratégia não é só para a alta diretoria

Em *Strategies of the Serengeti*, chamo isso de "o mito do acasalamento dos elefantes" – o mito sugere que a estratégia é algo feito em um nível muito alto, com muito grunhido e gemidos e leva cerca de dois anos para vermos algum resultado mensurável.

Nos negócios, com muita frequência temos uma paralisia da média gerência. Eles optam por não agir enquanto esperam por direção e sabedoria da diretoria. Raramente essa espera gera a direção estratégica que eles desejam. Boas equipes gerenciais prontamente comunicam visão e direção suficientes para inspirar e permitir que a média gerência tome decisões e possa agir. Equipes gerenciais pobres não se comunicam e acabam tendo o que merecem – a média gerência tem medo de agir caso não esteja de acordo com a estratégia que eles acham que os executivos seniores estariam desenvolvendo, mas que raramente estão.

A formulação da estratégia deve ser feita em todos os níveis do negócio – cada um de nós cria a estratégia pertinente ao nosso papel e nível. Para alguns pode ser a direção da companhia inteira, para um gerente de loja pode ser onde colocar os produtos mais vendidos e como alocar espaço na prateleira para o restante. Isto é estratégia. A estratégia é para todos.

A estratégia não é um grande documento

O processo anual de planejamento estratégico de algumas empresas é um exercício que consome tempo preenchendo análises, completando a análise SWOT,* compilando uma narrativa atraente e é realizado usando mais recursos humanos do que seria preciso para administrar um pequeno país. O resultado, depois de uma série de revisões, é um documento enorme. Isto não é estratégia, é a produção de uma narrativa de ficção de uso questionável.

A estratégia não é um exercício anual, é uma atividade constante que exige disciplina. Ela muda constantemente em resposta a iniciativas e mudanças no mercado e nos negócios. Hoje cedo, eu estava falando com um médico do British National Health Service (Serviço Nacional de Saúde Britânico). Ele teve uma ideia e buscou implementá-la, mas disseram-lhe que não havia recursos disponíveis, independentemente dos benefícios quase imediatos que seriam gerados, porque "isso não está nos nossos planos estratégicos". A sugestão foi colocar a ideia nos planos estratégicos do próximo ano e quando fosse aprovado pelos executivos, ele poderia apresentá-la.

---

* N.T.: SWOT (em inglês, Strengths, Weaknesses, Opportunity and Threats). Em português, é conhecida, também, como FOFA (Forças, Oportunidade, Fraquezas e Ameaças). É uma ferramenta analítica muito popular, mas frequentemente mal usada. Para uma exploração de como usá-la com mais eficiência, leia *Strategies of the Serengeti*, de Stephen Berry, capítulo Strategies of the zebra; também disponível para download em www.Strategiesof-theSerengeti.com.

Isto significaria um atraso de vários meses, vários meses de benefícios certos – uma loucura. Neste caso, o plano estratégico tornou-se um limitador, um inibidor e uma barreira à iniciativa e ao progresso.

Nos MBAs, todos os estudantes aprendem sobre "estratégias emergentes" (oportunidades e a habilidade de aproveitá-las), que eram imprevisíveis. Empresas inovadoras e velozes se saem muito melhor em aproveitar tais vantagens do que aquelas sobrecarregadas por um plano de negócios concreto. Eles também têm ensinado sobre "estratégias não realizadas", que era pertinente na época em que o plano de negócios foi desenvolvido, mas tornou-se redundante entre aquela época e o presente. Por exemplo, a crise global dos bancos em 2008 jogou o mercado em uma turbulência. Todas as estratégias expansivas e de aquisição dos bancos tornaram-se instantaneamente irrealizáveis e a implantação imediata de estratégias de sobrevivência tornaram-se primordiais. Em 2009, nenhum deles estava seguindo seus planos estratégicos criados em 2008.

Vale a pena completar um plano estratégico, sob a condição de que é um exercício contínuo e que não leva mais do que alguns dias para organizar, pois ele define a direção e procura reunir diferentes atividades. No entanto, um plano estratégico como um documento pesado e inibitivo não é estratégia, é burocracia.

A estratégia é e não é como uma viagem

A analogia de viagem tem um mérito significativo, mas também tem suas limitações. Seguir o modelo de viagem abaixo ajudará a agregar valor a seu planejamento estratégico e vale a pena ser feito.

Modelo de viagem

Onde estou? – uma avaliação realista de sua posição atual
Onde quero chegar? – seu destino de negócios previsto
Quais são minhas opções para chegar lá?
Quais são as bases sob as quais fiz essa escolha? – por exemplo, o tempo é crítico? Há um alcance ou limitação geográfica?
Para essas opções, precisarei de quais recursos?
Uma vez que uma escolha é feita, quais são minhas paradas? – onde devo estar em seis meses? Em um ano? Dois anos?
Tenho a concordância de todos os interessados relevantes?
Agora comece a viagem:
Cheque – estou no caminho? Estou chegando em meus pontos de parada? Esse destino ainda é meu destino?

Este é um exercício bom e valioso, que recomendo. No entanto, a analogia de viagem tem desvantagens e, como todas as analogias, pode falhar. Para perpetuar a analogia, se minha viagem fosse de Nova York (localização atual) para São Francisco (destino previsto), eu teria a opção de voar ou ir de carro. Talvez eu escolhesse dirigir e então adquirir os recursos necessários – carro, cartão de crédito, mapa e assim por diante. Então, eu começaria a viagem, manteria o caminho e chegaria a meus pontos de parada.

Neste exemplo simples, São Francisco sempre estará a oeste. Não acordarei um dia e descobrirei que as placas tectônicas moveram São Francisco para o Canadá. Não acordarei um dia e descobrirei que as estradas não existem mais e o carro no qual estou viajando agora é uma tecnologia redundante e requer imediata substituição. No entanto, nos negócios, tais fatores podem ocorrer. O destino pode mudar rapidamente, instantaneamente. A rota para o mercado ou modo de viagem pode mudar rapidamente e uma boa estratégia é capaz de englobar isso.

Um exemplo de tal mudança poderia ser o impacto na empresa americana Hoover, quando o empreendedor inglês James Dyson desenvolveu o aspirador de pó sem saco. O destino e o "modo" de chegar lá mudaram para a Hoover – a velha maneira de fazer as coisas não era mais apropriada. A Hoover antes era capaz de vender máquinas aspiradoras de pó com uma pequena margem já que teria um grande lucro por meio da aquisição repetida de sacos para aspiradores de pó. Dyson mudou o mercado em um só golpe. A Hoover não podia mais contar com a estratégia de grandes lucros e vendas crescentes a partir da tecnologia antiga e teve que reajustar sua estratégia. A oportunidade perdida que a Hoover teve para eliminar essa ameaça será discutida mais tarde.

Logo, use a analogia de viagem quando for desenvolver uma estratégia, mas também tenha em mente que a rota e o destino devem ser constantemente considerados e podem mudar em resposta a fatores externos ou internos a qualquer momento.

Tendo estabelecido o que a estratégia não é...

- militar,
- apenas para os superinteligentes,
- apenas para a alta diretoria,
- um grande documento,
- totalmente como uma viagem,

... vamos agora considerar o que a estratégia é. Isto não é fácil considerando que diferentes pessoas usam a palavra para dizer coisas diferentes. Se fosse dada a você a tarefa de "tornar-se mais estratégico" em seu Plano de Desenvolvimento Pessoal, seria bem difícil fazê-lo de maneira SMART (*Specific, Measurable, Achievable, Relevant, Timely*),* o que é sempre um bom desafio para aqueles que requisitaram esse objetivo! Isso acontece, em parte, por causa da variedade de usos do termo e a natureza nebulosa de muitos desses usos.

O livro de Henry Mintzberg *et al*, Safari de estratégia, é uma viagem superlativa pelos diversos aspectos da estratégia acadêmica e, em minha opinião, deveria definitivamente ser lido pelos estudantes como parte de um estudo acadêmico da estratégia. No entanto, para os não acadêmicos, no Capítulo 1, ele apresenta um resumo

---

* N.T.: Em português: Específico, Mensurável, Conquistável, Relevante, Oportuno.

de seus cinco Ps da estratégia, baseado em um artigo de 1987*. Irei replicar os cinco Ps com minha interpretação e exemplos.

A estratégia é um plano

Como tal, a estratégia é um curso de ação intencional que guia uma organização na conquista do que lhe foi proposto atingir. É um plano que nos dá um destino ou visão – ele indica uma direção desejada e nos dá orientação sobre aonde ir e aonde não ir.

No entanto, poucos de nós agem exatamente como o planejado – o mercado está em constante mudança e a estratégia se adapta de acordo com ela. Às vezes, as coisas não saem como o planejado e às vezes tomamos decisões que não fazem parte do plano.

A estratégia como um plano é ótima – mas o plano é uma rota prevista a partir da qual pode haver uma variação considerável. Quando a Nokia estava derrubando árvores, não tinha nenhum plano de mudar para as telecomunicações – o plano evoluiu na base do passo a passo.

A estratégia é um plano, mas um plano em constante evolução.

A estratégia é um padrão de comportamento

O segundo "P" fala da estratégia como uma série de comportamentos que formam um padrão. A organização gera um comportamento consistente que se torna sua estratégia. Na indústria automobilística, a companhia italiana Ferrari produz alguns dos melhores trabalhos de tecnologia motorizada do planeta. Uma Ferrari representa algo ambicioso, caro, rápido, esportivo. O padrão de comportamento dessa marca e empresa gerou um ícone. Se eu fosse sugerir uma Ferrari como um carro de família, dentro do orçamento, com motor pequeno, você certamente iria rir – não cabe dentro do padrão de comportamento e seria uma escolha totalmente inapropriada.

---

* MINTZBERG, H. The strategy concept 1: Five Ps for strategy. California Management Review 30. June 1997: 11-24.

Reciprocamente, um envolvimento na Formula 1 cabe exatamente dentro do padrão de comportamento da marca e da empresa – esse é o motivo deles fazerem isso.

A Volkswagen é uma fabricante alemã de automóveis muito bem-sucedida. Eles têm uma gama de marcas abrangendo diferentes áreas do mercado:

Alta: Bugatti, Lamborghini, Bentley.
Média para alta: Audi.
Média: Volkswagen.
Média para baixa: Skoda, Seat (Seat está fazendo uma mudança de mercado para tornar-se uma opção mais esportiva, mas emergiu da extremidade inferior do mercado).

A estratégia é uma posição no mercado

Minha percepção da diferença entre o "padrão" e a "posição" é que o "padrão" é o comportamento que você escolhe – é interno aos seus negócios e está sob seu controle. Eu percebo "posição" como algo externo, um aspecto da estratégia relacionado ao mercado – em que você está nos mercados que escolheu. Aqui, você está menos no controle, com o potencial de ser golpeado pelas ondas da atividade competitiva e os ventos sempre inconstantes dos desejos dos consumidores.

Qual posição no mercado você escolherá e por quê? Algumas empresas escolhem vender um produto o mais barato possível, querendo ganhar lucro por meio de um grande volume, enquanto outras escolhem vender um pequeno volume de produtos *premium*, mais caros. Eu posso pagar R$15,00 por uma garrafa do vinho francês Cahors, mas posso pagar R$ 150,00 por uma garrafa de champagne. As empresas que produzem ambos têm estratégias para serem lucrativas, a primeira tem de vender muito mais garrafas que a fabricante de champagne. Algumas empresas escolherão se posicionar em um nicho distinto, outras como provedoras para o mercado de massa. A Coca-Cola é a marca número 1 do mundo e número 1 em bebidas gaseificadas. No entanto, na Escócia ela é a número 2. A marca IrnBru domina o nicho geográfico da Escócia. IrnBru escolheu uma posição de nicho geográfico que se provou sustentável por décadas, apesar de todos os esforços da empresa número 1 mundial para tornar-se a número 1 também na Escócia.

A estratégia é uma perspectiva

Mintzberg usa o P de perspectiva para mostrar o jeito que a empresa faz as coisas, de forma similar a que Marvin Bower definiu a cultura como "o jeito como fazemos as coisas por aqui".* Eu preferiria usar o próprio exemplo dele sobre o Egg McMuffin, mas de uma forma ligeiramente diferente:

O argumento do Egg McMuffin 1:

É meramente uma pequena extensão de produto. O McDonald's pegou seu produto de lanche padrão, amaciou um pouco o pão, tirou o hambúrguer e o picles, substituindo-os por ovo e bacon. O Egg McMuffin é uma mudança de produto – uma variedade de um produto já existente.

O argumento do Egg McMuffin 2:

É uma mudança radical de abordagem no mercado. Anteriormente, os lanches eram uma oferta das 11h da manhã até as 11h da noite. O McMuffin permitiu ao negócio criar um mercado de café da manhã acrescentando uma nova ocasião de refeição ao menu e uma nova oportunidade a seus clientes de compra no McDonald's. O McDonald's agora pode servir, e fazer dinheiro, das 6h da manhã às 11h da noite.

Independentemente da perspectiva que você adote, ela irá impactar nas suas decisões estratégicas. Se a VW tivesse a perspectiva de que a marca VW é popular, eles não teriam lançado o Phaeton. Se os executivos da Mercedes-Benz tivessem a perspectiva de que eram especialistas em carros para executivos, eles provavelmente ainda dominariam o mercado. Se o McDonald's tivesse a perspectiva de que era uma cadeia de restaurantes de hambúrgueres, ele nunca teria criado um mercado de produtos para o café da manhã.

---

* Marvin Bower (1903-2003) c. 1966.

A estratégia é um pretexto

Outros irão usar a palavra "estratégia" para dizer "manobra" ou uma ação específica com o objetivo de ganhar vantagem sobre um competidor. Uma de minhas manobras favoritas foi o Dia Marlboro, em 2 de abril de 1993, quando a fabricante de cigarros Philip Morris reduziu o preço de seus cigarros nos Estados Unidos em 20%, em resposta a uma crescente queda em suas vendas devido a marcas alternativas mais baratas. O preço das ações da Marlboro caiu 26% (aproximadamente 10 bilhões de dólares) e outras empresas de marca sofreram queda nas ações conforme a "morte da marca" era anunciada. Isso, no entanto, era um foco míope e ocidentalmente centrado. Era também uma manobra. O concorrente J. R. Reynolds tinha pouca opção além de copiar a estratégia ou perder terreno. Com isso, eles também perderam muito dinheiro, lucro e tiveram suas ações desvalorizadas. Uma vez que a Philip Morris supôs que a J. R. Reynolds era suficientemente fraca financeiramente para ser capaz de reagir, eles lançaram uma campanha de *marketing* na Rússia e na Europa Oriental, o que resultou na Marlboro sendo altamente procurada e uma marca lucrativa e bem-sucedida nesses lugares. Ela estava no topo do mercado por mais de uma década até a empresa Japanese Tobacco conseguir derrubá-la – uma grande manobra nos Estados Unidos para ganhar sucesso no mercado de maior crescimento da Europa Oriental.

A imprensa ocidental esteve focada quase que exclusivamente nos efeitos nos Estados Unidos e ignorou o sucesso global, que era duradouro e altamente lucrativo. Mesmo nos Estados Unidos, a Marlboro recuperou o preço de suas ações em dois anos e a história mostrou que tudo não passou de uma manobra que gerou sucesso sustentável por um tempo considerável.

Resumo

Entender o que é e o que não é a estratégia não é fácil, já que muitas pessoas têm diferentes opiniões sobre o assunto e usam diferentes definições. Muitos também perpetuam mitos que são inúteis para entender estratégia. Neste capítulo, mostramos o que a estratégia não é:

- Militar;
- Não é só para os superinteligentes;
- Não é só para a alta diretoria;
- Não é um grande documento.

Também mostramos que a estratégia pode ser considerada uma viagem, mas que essa analogia, como todas as outras, falha. O destino estratégico, intenção e a rota podem mudar mais dramaticamente do que uma transformação sísmica pode mudar uma paisagem.

Mostramos que a estratégia pode ser alguns ou todos os cinco Ps:

- Plano: um conjunto de ações intencionais;
- Padrão: um comportamento consistente;
- Posição: a posição dos produtos no mercado;
- Perspectiva: uma visão, opinião ou postura;
- Pretexto: uma manobra.

A intenção da estratégia é dar uma direção, limites e coordenação de esforços para atingir os objetivos para nossa empresa. Sem isso, a organização certamente cairá.

"Há dois tipos de negócios: aqueles que têm uma estratégia definida e aqueles que estão saindo dos negócios."

Perguntas

Podemos checar nosso entendimento do que cobrimos neste capítulo respondendo a estas perguntas de múltipla escolha e, depois, comparando nossas respostas com as que estão ao final do livro.

1. **Qual é a definição da palavra estratégia?**
   a) Planejar uma viagem ❏
   b) Criar ação ❏
   c) Atingir resultados ❏
   d) Liderar um exército ❏

2. **Por que a analogia militar é inadequada? (nota: há duas respostas corretas)**
   a) A terminologia é inadequada aos negócios ❏
   b) A hierarquia de comando é diferente nos negócios ❏
   c) A vitória é o ponto final, enquanto que nos negócios não há ponto final ❏
   d) O foco militar está no inimigo, na estratégia o foco está no consumidor ❏

3. **Quais são os perigos de um documento de planejamento estratégico?**
   a) Pode se perder ❏
   b) Pode tornar-se muito estático e inflexível ❏
   c) Não é visto por todos na empresa ❏
   d) Pode ser usado para justificar saídas de emergência ❏

4. **Quais são as vantagens de usar a analogia de "viagem" para a estratégia?**
   a) É fácil de entender e comunicar ❏
   b) Cria um plano sólido e permanente ❏
   c) Muitas pessoas usam ❏
   d) Pode identificar recursos ocultos ❏

5. **Qual é o primeiro passo no uso da analogia de viagem para a estratégia?**
   a) Analisar onde estamos ❏
   b) Analisar até onde queremos chegar ❏
   c) Considerar os obstáculos no caminho ❏
   d) Entender por que queremos fazer essa viagem ❏

6. Por que uma Ferrari como um carro de família de baixo custo seria uma má ideia?
a) O preço seria errado ❏
b) Não cabe no padrão de comportamento que fez a marca famosa ❏
c) Como uma manobra, seria muito radical ❏
d) Americanos preferem carros americanos ❏

7. Porque a Volkswagen não fabricou o Phaeton em grande escala?
a) É um carro de alta tecnologia e a complexidade do sistema computacional significa que ele leva mais tempo para ser fabricado ❏
b) Não foi comercializado adequadamente já que todos os seus atributos não foram suficientemente anunciados ❏
c) É um carro de alto prestígio com credencial de mercado-médio – e não se encaixa no padrão de comportamento da marca VW e, portanto, foi rejeitado pelo público ❏
d) Por ser uma nova tecnologia, é propenso a quebrar ❏

SEGUNDA-FEIRA

Entenda o que motiva a estratégia e o que a estratégia motiva

O propósito da estratégia é levar uma empresa de onde ela está para onde ela quer chegar. Como tal, a estratégia não existe sozinha, isolada de outros aspectos dos negócios; ela é parte integrante de tudo dentro dos negócios. Muitas empresas têm:

- visão
- plano estratégico
- orçamento
- cultura
- estrutura
- marca
- mensagem de relações públicas
- responsabilidade social e corporativa

No entanto, esses fatores estão frequentemente díspares e desconectados. Por exemplo, uma estrutura organizacional não significa colocar o nome das pessoas e cargos em caixas, e conectá-las com linhas e linhas pontilhadas. A estrutura organizacional não significa comunicação e nem reporte. Seu propósito primário é facilitar a implementação positiva da estratégia organizacional. E se não está fazendo isso, então é a estrutura errada. Não há nada novo neste argumento – Alfred Chandler o criou em 1962 –, mas muitas empresas não têm escutado. Muitos veem os aspectos acima como distintos e não relacionados.

Este capítulo mostrará onde a estratégia se encaixa nos negócios, o que motiva a estratégia e o que a estratégia afeta. Como um bônus, também contextualizará os fatores mencionados – e onde eles se encaixam nesses negócios.

Visão organizacional

O primeiro motivador de uma empresa é sua visão. Isso é o que ela procura alcançar – é seu propósito neste planeta.

> **Bons líderes de negócios criam uma visão, a articulam, apaixonadamente se apropriam dela e implacavelmente a dirigem até sua conclusão.**
> Jack Welch

> **A essência da liderança é que você tem de ter uma visão.**
> Theodoro Hesburgh

> **Pensamos demasiadamente pequeno, como o sapo no fundo do poço. Ele acha que o céu é tão grande quanto o topo do poço. Se ele fosse à superfície, teria uma visão totalmente diferente.**
> Mao Tse-Tung

Todos os outros aspectos dos negócios devem ser motivados por essa visão, já que eles são os meios pelos quais a visão se torna realidade – e isso inclui a estratégia organizacional.

Em muitos casos, as chamadas "declarações de visão" são meras palavras no papel – elas não são a visão. Para uma visão tornar-se uma visão, ela precisa atingir certos objetivos:

- Motivar e direcionar o negócio;
- Inspirar e motivar os colaboradores;
- Determinar e estabelecer metas;
- Iniciar e conduzir a estratégia;
- Estabelecer e desafiar a ética, valores, *modus operandi* – "o jeito como fazemos as coisas por aqui" (Bower).

A visão tem impacto em tudo. E se não tem, não é uma visão. Alguns autores e consultores tentam fazer diferentes definições do que é visão, missão ou propósito. Não apoio a diferença semântica e nunca vi tal discussão agregar valor. Fico feliz em usar essas palavras indistintamente, mas ainda prefiro "visão". Mais importante, seu trabalho é promover tudo que a empresa e as pessoas que nela trabalham procuram fazer.

As pessoas mais importantes para o sucesso ou impotência de uma visão são as da equipe que está no topo da empresa. Se eles meramente dizem da boca para fora um conjunto de palavras teóricas, a "declaração de visão" simplesmente não é a visão da empresa. Se, no entanto, eles são os motivadores mais apaixonados da visão e fortemente "vivem" a visão, com mais coerência e mais fervorosamente do que qualquer outro, eles e a visão estão fazendo seu trabalho.

Como a visão motiva a estratégia?

A visão afirma a intenção. Isso irá motivar uma série de metas. Eu tenho visto metas em muitos formatos em muitas empresas, mas a grande maioria parece ter as mesmas cinco – uma meta relacionada a cada item:

- o que fazemos
- como fazemos
- nossos clientes
- nossas pessoas
- dinheiro

Alguns leitores estarão agora imaginando porque eles pagaram centenas de milhares de dólares para uma consultoria ajudar a desenvolver as metas a serem alcançadas – e eles ainda têm essas cinco!

O propósito das metas é estabelecer o que precisa ser alcançado para tornar a visão uma realidade. Alguns autores usam a palavra "objetivo" para essas metas. Eu escolhi não usá-la, já que a palavra "objetivo" é frequentemente usada no Plano de Desenvolvimento Pessoal, em que os objetivos são SMART. As "metas" que estamos discutindo agora não tem que ser necessariamente SMART. Elas podem ser – essa não é uma afirmação proibitiva, só não é um requerimento necessário. Por exemplo, se a meta é "ter a melhor, mais inovadora e mais satisfeita equipe da indústria", é uma meta contínua – o T de "*timely*" está faltando. Essas metas de alto nível, motivadas pela visão organizacional, não se destinam a serem mudadas constantemente. Elas deveriam ter uma longevidade igual à da visão. Reciprocamente, os "objetivos" do Plano de Desenvolvimento Pessoal deveriam ser atingidos e desenvolvidos conforme o progresso descrito no plano. As "metas" não mudam com frequência, e podem não mudar; os "objetivos" podem mudar tão rapidamente quanto você pode atingi-los.

Essas metas então motivam a estratégia. A estratégia compõe as ações que o negócio está realizando a fim de atingir as metas para tornar a visão uma realidade. Sejam as "ações" a estratégia de um plano, padrão, posição, perspectiva ou pretexto, sua tarefa é atingir as metas de forma que a visão seja alcançada.

Para continuar nosso exemplo de meta de "ter a melhor, mais inovadora e mais satisfeita equipe da indústria", colocaríamos em prática estratégias para atingir esse objetivo. Essas incluiriam:

- uma estratégia de remuneração – você não conseguirá as melhores pessoas da indústria sem uma política de pagamento superior;
- uma estratégia de recrutamento – pessoas não são uma tela em branco – elas chegam com experiências e preconceitos e, se sua meta envolve os melhores, mais inovadores e os mais satisfeitos, a estratégia de recrutamento precisa ter como alvo aqueles que têm os atributos necessários e, portanto, estão mais aptos a ficarem satisfeitos em seu negócio pois você não recrutaria uma pessoa conservadora, avessa a riscos para uma em-

presa que preza a inovação – a empresa não atingiria suas metas e a pessoa também ficaria estressada e insatisfeita;
- uma estratégia de comprometimento – ações para assegurar que a equipe esteja emocionalmente engajada com o negócio e sua visão, pois é óbvio que a presença física no ambiente de trabalho pode ser comprada, mas seu envolvimento emocional tem que ser conquistado, estimulado e alimentado;
- uma estratégia de liderança – a máxima que diz que as pessoas tendem a não deixar as empresas, mas deixar seus chefes, inevitavelmente tem um elemento de verdade porque, se sua meta inclui "uma equipe satisfeita", precisamos ter uma estratégia para gerar os melhores líderes de negócios que pudermos.

Há diversas estratégias relacionadas à equipe, mas por hora farei uma pausa e pedirei que você escolha outras cinco ou seis áreas da estratégia para atingir essa meta. Talvez você escolha olhar para:

- estratégias de localização – localização do escritório e a quantidade de pessoas fazendo *home office*;
- premissas – não espere criatividade em um escritório estéril;
- processo de gestão de desempenho – os resultados de uma boa Gestão de Desempenho são direção, desenvolvimento e motivação;
- sistema de bonificação, recompensa e reconhecimento;
- tecnologia;
- treinamento e desenvolvimento da equipe;
- comunicação organizacional.
- e muitas outras.

Não há nenhuma novidade nessa progressão de visão – meta – estratégia. Tenho visto uma variedade de versões, por exemplo: MOST (missão – objetivo – estratégia – táticas), POST (propósito – objetivos – estratégia – táticas), VAST (visão – desejos – estratégia – táticas), PAST e muitas outras. Todas elas procuram fazer a mesma coisa: transformar a visão em realidade criando metas (ou objetivos ou desejos) e depois gerando as estratégias para atingi-las e indo além para permitir que a estratégia motive as táticas de curto prazo, que a partir daí, quando acumuladas, realizam a intenção estratégica (atingir o que foi proposto).

Algumas vezes observo conversas que procuram diferenciar a estratégia das táticas. Novamente, como acontece com a visão, missão e propósito, considero essas discussões semânticas pouco proveitosas e nunca vi agregarem nenhum benefício ao negócio. A tática de uma pessoa pode ser a estratégia de outra, dependendo de seu cargo e posição dentro da empresa. Eu aconselharia progredir por meio da ação prática em vez de ficar debatendo sobre em qual caixa deveríamos sentar.

A escada do sucesso empresarial

No entanto, também argumentaria que parar nas "táticas" é um passo aquém. Argumentaria também que essa progressão não empreende adequadamente ou posiciona elementos como marca, cultura ou estrutura, que mencionamos no começo deste capítulo. Para aliviar essas omissões, eu uso uma "escada". Por meio da analogia da escada, começamos subindo pelo primeiro degrau e nos movemos para cima. Cada degrau é importante, e se algum deles está faltando, a escada torna-se perigosa e tem o potencial de não atingir seu propósito (no nosso caso, o sucesso empresarial). Também deve ser apontado que,

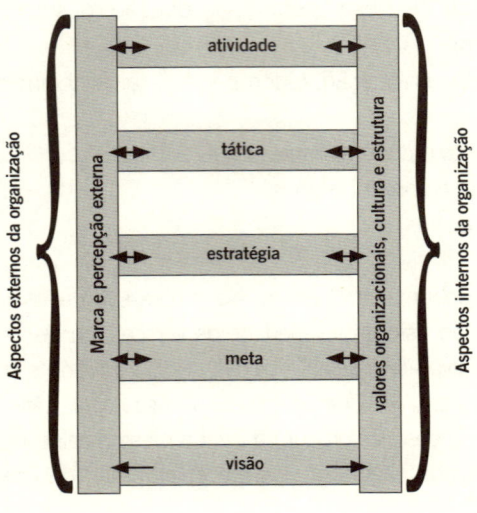

para uma escada funcionar corretamente, cada degrau deve estar fortemente conectado às vigas verticais de cada um dos lados e essas vigas tem de ser paralelas – ou seja, indo numa mesma direção.

Os degraus

A progressão da visão às táticas foi discutida. No entanto, ao adicionar o quinto degrau, a atividade, procuro assegurar que o que fazemos cotidianamente é fortemente motivado pela visão organizacional e, portanto, cada pequena atividade executada por cada indivíduo nos leva a um passo adiante para que as táticas tenham êxito e que, combinadas, levam a uma estratégia eficaz que significa metas atingidas, que então resulta em uma visão realizada.

Por exemplo, a empresa inglesa varejista John Lewis atingiu uma ótima progressão da visão à atividade nos momentos raros em que um cliente está insatisfeito e quer devolver um produto. A visão é ser bem-sucedido em suas áreas de atividade como um varejista importante; as metas incluem aspectos de satisfação do cliente. É fácil ter clientes satisfeitos quando tudo está indo bem e há diversas estratégias que a John Lewis instiga para atingir esse objetivo. No entanto, é necessária uma classe genuína para ter uma satisfação do cliente exemplar quando as coisas ficarem feias. A John Lewis tem estratégias para aumentar a satisfação do cliente que estão relacionadas ao momento em que a insatisfação ocorre. Isso se infiltra nas táticas que incluem como treinar seus funcionários para lidar com clientes, seu processo para lidar com problemas e, no que quero focar, para quando o cliente deseja devolver um produto.

Até agora temos um *link* claro entre a visão e as táticas de lidar com produtos devolvidos. Mas, e se eu fosse a uma loja com um produto para devolver, provavelmente estressado com a situação e então ter uma discussão com um membro da equipe que mostra uma péssima atitude e nenhum desejo de ajudar o cliente? O produto com defeito, meu próprio estresse e a péssima atitude do vendedor contribuem para um vasto cenário de insatisfação e eu posso decidir nunca mais comprar naquela loja. A estratégia é clara – um conjunto de táticas para lidar com trocas. Mas, neste exemplo, toda a compilação da visão às táticas entraria em colapso se a atividade estivesse errada – o membro da equipe foi inútil e não usou as táticas, ou estratégia ou metas e impactou negativamente na visão.

Em diversos varejistas no mundo todo, essa é a experiência que os clientes têm quando vão trocar algum produto com defeito. Não na John Lewis. Na John Lewis, um cliente entra na loja para trocar um produto. O lugar para onde se dirige está claramente marcado. A equipe é bem treinada, educada, útil e extremamente profissional em assegurar que o cliente saia da loja com uma experiência de compra superlativa, um produto novo e sem defeito (se era isso que o cliente desejava), sem problemas, sem brigas e o mais importante, com uma atitude que assegura que o cliente irá voltar para fazer compras na John Lewis.

Qualquer um pode oferecer um bom serviço ao consumidor para clientes satisfeitos. Poucos conseguem fazer o mesmo para clientes insatisfeitos. Uso o exemplo dessa conectividade da escada da John Lewis quando falo em conferências de negócios na Inglaterra. Até agora, dúzias de pessoas na plateia, voluntariamente, exultam as virtudes da John Lewis de suas próprias experiências de quando as coisas deram errado e eles devolveram algum produto. Eu pedi que eles dessem uma nota de 0 a 10 para sua experiência como consumidores, nesse cenário estressante e negativo. A maioria deu 10. Muitos deram 9. Só ouvi duas pessoas darem notas baixas como 4 e 5, e fazendo justiça, acho que a pessoa que deu o 4 contribuiu bastante para seu próprio infortúnio!

Um exemplo mais internacional no setor varejista vem das lojas da Apple. A visão e tudo sobre a empresa gira em torno de inovação, tecnologia superior, design moderno, paixão pela marca e produtos eletrônicos da moda. Andando pela loja você observa atividades que ilustram tudo isso. Os degraus estão totalmente conectados e as estratégias estão no lugar certo – motivando as táticas e atividades diárias a fim de atingir as metas para tornar a visão uma realidade.

A viga esquerda

Isso representa todos os fatores externos do negócio – a marca e a percepção da empresa do lado de fora: clientes, clientes potenciais, fornecedores, acionistas, o público e governos.

Se a viga esquerda existir separada do resto do negócio, a escada da nossa analogia irá cair. A visão motiva as metas e, no devido tempo, a estratégia, táticas e atividades, mas também motiva a viga esquerda. Os negócios, motivados pela visão, usam estratégias, táticas e atividades para impactar e influenciar tudo na viga esquerda. É aí que a estratégia de marca, táticas de propaganda e atividades de relações públicas são interligadas. Elas não existem sozinhas, são parte da escada do sucesso empresarial procurando fazer da visão uma realidade. Se a estratégia de marca está em conflito com a visão, a estratégia de marca está errada. Usando o exemplo da Mercedes-Benz, não sei quais eram ou são a visão, metas e estratégias, mas posso observar que ou a visão não tinha desejo de continuar o posicionamento invejável, *premium* e ambicioso que o negócio mantinha no mercado automobilístico ou, se a empresa tinha esse desejo, a estratégia de marca de colocar a mesma marca em uma série de carros pequenos estava em absoluto conflito com a visão.

As estratégias de responsabilidade social e corporativa existem aqui. Seu propósito é apresentar a companhia da melhor maneira para atingir a percepção necessária para, em última análise, auxiliar na conquista das metas. A fabricante de brinquedos Hasbro construiu um hospital infantil em Rhode Island, Estados Unidos. É um comprometimento monumental e admirável às crianças. Esta é uma estratégia de responsabilidade social e corporativa que procura mostrar a visão do negócio. A empresa Virgin Atlantic Airlines recolhe moedas dos passageiros e as canaliza, como muitas companhias aéreas fazem, para fazer o bem em comunidades de países em desenvolvimento. O vídeo mostrado a bordo mostra a equipe da VAA, em seus uniformes, interagindo com crianças na África subsaariana. Isso é parte de uma estratégia de relações públicas muito convincente, na qual a equipe parece genuinamente engajada. Isso ajuda a atingir a visão? Sem dúvida! Ter assistido a esse vídeo a bordo adicionou impressões positivas sobre a empresa, marca e equipe na minha cabeça – então eu estou mais inclinado, como consumidor, a voltar.

A viga direita

Representa todos os fatores que são internos à empresa e, portanto, sob seu controle. Alguns deles são mais fáceis de controlar do que outros – a estrutura é relativamente fácil de construir, a cultura é infinitamente mais complexa – mas ainda são fatores internos que a empresa pode influenciar.

O propósito da estratégia é fazer da visão uma realidade (por meio da conquista das metas). O propósito da estrutura é facilitar o sucesso das estratégias, táticas e atividades, que, em seu devido tempo (por meio das estratégias e metas), procuram fazer da visão uma realidade. Os propósitos da cultura ou valores ou processos organizacionais são os mesmos: atingir a visão. Em muitos casos, essa conexão não parece ser percebida; o link da escada para a viga está então quebrado e a escada não é segura.

A estratégia (e táticas e atividades) está ligada a todos esses elementos. Podemos ter uma estratégia de incorporar os valores de nossa empresa – para ajudar a atingir a visão.

Falhar em fazer essas conexões vitais, seja entre a progressão dos degraus à medida que subimos a escada ou entre os degraus ou as vigas, gera uma escada insegura. Isso leva a uma coordenação pobre das atividades do negócio, falta de direção e propósito, incerteza e é, por fim, um sinal de uma liderança pobre já que uma das responsabilidades centrais dos executivos é tornar a visão uma realidade. Falhar na construção dessas conexões significa que uma empresa corre o risco de ser arrastada em uma direção por seu orçamento, em outra direção por sua cultura e em outra por sua visão. Qualquer negócio sendo arrastado em diversas direções por tantos fatores concorrentes está condenado.

Resumo

A estratégia ou qualquer outra faceta dos negócios, como cultura, marca, recrutamento, estrutura ou relações públicas, não deveria existir em uma bolha separada da empresa, aparecendo como um amálgama do vasto número dessas bolhas não relacionadas. A visão organizacional motiva tudo – incluindo a estratégia. A visão é a declaração do desejo – o que ou aonde o negócio quer chegar. Essa vontade requer a conquista de um número de metas. O trabalho da estratégia é achar uma maneira ou caminho para atingir essas metas. Esse caminho ou maneira está então dividido em um nível mais baixo, em pedaços de curto prazo chamados "táticas", que por sua vez é traduzido em atividades cotidianas de todo o colaborador. Logo, cada pessoa está fazendo pequenas contribuições para a conquista da visão em cada ação.

Todas as estratégias se encaixam aqui – motivadas pela visão e motivando a ação – sejam elas estratégias de marca, estratégias de publicidade, estratégias de recursos humanos, estratégias que englobam a empresa inteira, estratégias de produto ou qualquer outro tipo de estratégia possível em que o negócio embarcará em sua busca para tornar a aspiração de visão em realidade.

Perguntas

Podemos checar nosso entendimento do que cobrimos neste capítulo respondendo a estas perguntas de múltipla escolha e, depois, comparando nossas respostas com as que estão ao final do livro.

1. **O que motiva tudo em um negócio?**
   a) A visão ❑
   b) A estratégia ❑
   c) O Chefe Executivo ❑
   d) O cliente ❑

2. **Por que algumas "declarações de visão" não preenchem efetivamente a função da visão?**
   a) Não são suficientemente aventureiras ❑
   b) A equipe não pode enumerá-las ❑
   c) Elas não inspiram as pessoas diretamente ❑
   d) O cliente não as entende ❑

3. **O que Theodore Hesburgh disse sobre a visão?**
   a) As empresas deveriam ter uma ❑
   b) Elas precisam ser bem comunicadas ❑
   c) Uma falta de visão resultará em uma falta de direção ❑
   d) A visão é a essência da liderança ❑

4. **Quais das alternativas NÃO é um requerimento para uma visão?**
   a) Determinar e estabelecer as metas ❑
   b) Iniciar e dirigir a estratégia ❑
   c) Estabelecer e desafiar a estratégia ❑
   d) Comunicar o negócio aos clientes ❑

5. **Por que o modelo da escada usa o termo "metas" em vez de "objetivos"?**
   a) Para assegurar a diferenciação entre esses e os objetivos de gestão do desempenho ❑
   b) Porque eles são aspirações em vez de alvos atingíveis ❑
   c) Porque não tem que ser SMART ❑
   d) Porque o autor prefere a terminologia do futebol ❑

6. **Qual é o propósito de uma estrutura organizacional?**
   a) Mostrar onde as pessoas se encaixam dentro do negócio ❑
   b) Ajudar na implementação eficaz da estratégia ❑
   c) Demonstrar quem reporta a quem ❑
   d) Dar à equipe aspirações de carreira ❑

7. **Qual o propósito de uma cultura organizacional?**
   a) Manter a equipe motivada ❑
   b) Tornar o ambiente de trabalho um local agradável ❑
   c) Ajudar na implementação eficaz da estratégia ❑
   d) Dar ao departamento de recursos humanos algo para falar ❑

8. **Por que a estratégia, visão, cultura, marca, orçamento e assim por diante deveriam ser integrados?**
   a) Torna-se mais fácil de gerenciar ❑
   b) Uma falta de integração empurra a empresa em diversas direções diferentes ❑
   c) Dá uma impressão melhor aos *shareholders* ❑
   d) Evita a duplicação de esforços ❑

9. **O que é a visão de uma empresa?**
   a) Uma declaração de o que ela vê como seu propósito e o que ela procura alcançar ❑
   b) Uma declaração que irá inspirar os colaboradores para conquistas maiores ❑
   c) Uma declaração para desenhar todos os aspectos do negócio ❑
   d) Uma declaração de como o negócio se vê no mercado ❑

10. **Quem são as influências mais importantes sobre o êxito ou a falha da visão?**
    a) Os colaboradores ❑
    b) Os clientes ❑
    c) A alta gerência/conselho ❑
    d) O departamento de recursos humanos ❑

TERÇA-FEIRA

Entendendo a estratégia interna

A estratégia pode se aplicar à direção tomada por todo o negócio; por exemplo, esteja seu foco em um mercado de nicho pequeno como o da bebida escocesa InBru ou em um mercado global onipresente como a Coca-Cola, esteja focado em vender uma grande quantidade de produtos de margem pequena ou um número menor de produtos de grande margem, como as companhias aéreas de baixo custo ou transportadoras globais focadas nos executivos; ou se procura inovar, como a Gillette, ou seguir o líder como a Wilkinson Sword faz; seja progredir uma ideia de cada vez, como a Apple geralmente faz, ou múltiplas ideias sem saber qual irá ter sucesso, como as empresas farmacêuticas fazem. No entanto, esse tipo de decisão estratégica, provavelmente, está além do alcance da maioria dos leitores. Para muitas pessoas, o primeiro encontro com a estratégia empresarial acontece na implementação de algum tipo de estratégia interna. Ainda é estratégia – qualquer dos cinco Ps –, ainda é motivada pela visão organizacional e ainda é vital no caminho em direção a conquista das metas da empresa.

Este capítulo irá explorar algumas dessas áreas do negócio em que precisamos ser bem-sucedidos. Cada uma delas é crítica e um fracasso em qualquer uma delas pode gerar uma inabilidade em atingir o que a companhia estabeleceu fazer. Este capítulo irá focar os alicerces internos do negócio e as estratégias para entendê-los.

Os alicerces do negócio

Há um número de áreas nos negócios que são críticas para o sucesso. Precisamos nos assegurar que temos estratégias para gerar o resultado desejado para cada uma delas. O modelo de "construir os alicerces do negócio" identifica sete áreas e alvos, para gravar em qualquer negócio a importância de estratégias para gerenciar e maximizar o benefício de cada uma delas enquanto, também, identifica vulnerabilidades em potencial e, então, gera estratégias internas para remover essas vulnerabilidades.

O modelo pode também ser usado no nível do departamento ou equipe, para que aspirantes a gerente possam usar essa estrutura no início de suas carreiras.

Os sete alicerces são:

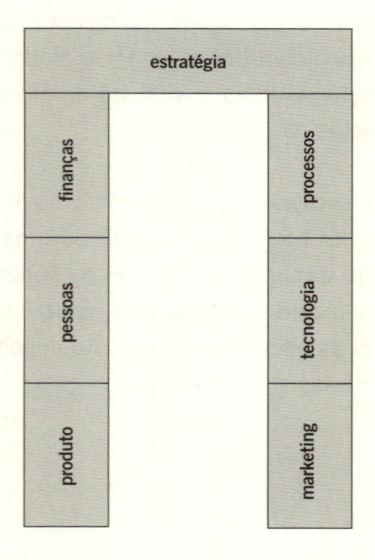

```
              estratégia
   ┌──────────────────────────┐
   │                          │
finanças                  processos

pessoas                   tecnologia

produto                   marketing
```

Muitos de nós, em algum ponto de nossa vida, fizemos provas e exames. Na maioria deles, uma pontuação de seis em uma escala de sete teria sido excelente (mais de 85%). No entanto, nesta estrutura, seis em uma escala de sete não é bom o suficiente. Seis de sete deixará uma área vulnerável através da qual o fracasso pode fluir para dentro da empresa, divisão ou equipe. A estratégia interna global – parte da coluna direita da escada da estratégia empresarial – é criar estratégias para desenvolver cada uma das sete áreas. Iremos considerar alguns aspectos de cada uma delas, mas primeiro faremos uma pergunta: *Onde está o cliente?*

Os sete alicerces não incluem o cliente, ainda que seja estabelecido que o objetivo do negócio é se satisfazer de forma lucrativa, atendendo as necessidades do consumidor. Sem dúvida, esse modelo não pode estar sugerindo que ignoremos o cliente na formulação da estratégia, não é?

Com certeza, não pode. O cliente tem de ser prioritário em cada um dos blocos e não um bloco exclusivo. A menos que cada bloco esteja focado no cliente, é improvável que esteja desempenhando seu papel com eficiência.

Ao longo deste capítulo darei alguns exemplos de estratégias relevantes de empresas conhecidas, mas também alguns retirados da minha própria experiência e carreira. Todos os exemplos de minha carreira são verdadeiros, mas as empresas permanecem anônimas para preservar meus ex-colegas de trabalho!

Produto

Estratégias de produto são aquelas que tratam da produção daquilo que as pessoas irão comprar. Tradicionalmente, expressamos tal estratégia como o encontro da necessidade do consumidor, mas a Apple mostrou com o iPhone e o iPad que eles podem criar essa necessidade – o consumidor não sabia que precisava de um iPad até Steve Jobs dizer que ele precisava!

Progredindo nessa ideia, a "necessidade" é igualmente válida seja ela uma necessidade real ou percebida. No Japão, é uma prática comum usar uma máscara para prevenir a transmissão da gripe ou de germes. Os germes são transmissíveis pelo ar e conseguem então passar pela máscara, que acaba tendo pouca utilidade prática. No entanto, a necessidade é percebida e milhões de máscaras são vendidas a cidadãos japoneses ao redor do mundo. De forma similar, no mundo ocidental, milhões de dólares, libras e euros são gastos em vitaminas, suplementos e ervas com nenhuma vantagem científica comprovada – mas a vantagem é percebida e lucros são gerados como consequência.

Contrariamente, às vezes percebo empresas reclamando que seu produto é extremamente eficaz em atender uma necessidade do consumidor, mas o consumidor parece não perceber isso. Se o consumidor não percebe, a necessidade não é percebida e, então, não há utilidade para o produto até que isso aconteça. Para o produto ganhar o reconhecimento, ele deve atender uma necessidade claramente definida e o consumidor deve estar em pleno acordo de que ele cumpre esse papel. A empresa precisa ter uma estratégia de posicionamento do produto para que isso seja fortalecido. Isso incluiria estratégias de desenvolvimento de novos produtos.

Outros aspectos da estratégia de produto serão discutidos nos próximos três capítulos sobre *marketing*, marca e estratégias competitivas. Não iremos então explorar o "produto" até lá. Para este capítulo, iremos somente ver que um produto encontra a necessidade de um consumidor – uma necessidade real ou percebida.

Pessoas

Já cobrimos alguns exemplos de estratégias de pessoas no capítulo anterior (remuneração, recrutamento, engajamento, liderança, ambiente de trabalho, gestão do desempenho, recompensas e bônus e reconhecimento). Seremos breves nos exemplos dessa seção.

Trabalhei brevemente em uma empresa em que a estratégia era pagar para a equipe de fabricação o menor salário possível. Também trabalhei em outra empresa em que a estratégia de remuneração era que pagaríamos os maiores salários da indústria de forma que qualquer um que saísse receberia significativamente menos pelo mesmo trabalho em qualquer empresa rival.

Para ambos os negócios, eu diria que a estratégia de remuneração está certa. Para a primeira, o trabalho era repetitivo, funcional e não requeria um treinamento significativo, habilidade ou até inteligência. A rotatividade de pessoal era alta, já que as pessoas encontravam trabalhos que pagavam melhor, mas sempre conseguíamos recrutar nas filas de desempregados. A estratégia resultou em manter os custos baixos e, portanto, manter os preços ao consumidor tão baixos quanto possível. Na segunda empresa, as exigências de habilidades eram imensas. Nossa reputação era de uma empresa *premium*, provedora de qualidade naquele mercado e, para meu conhecimento, nunca éramos a mais barata em qualquer uma das propostas que ganhamos. Os clientes estavam comprando um resultado, não uma *commodity*. Nossa estratégia de altos salários significava que podíamos escolher as melhores e mais entusiasmadas pessoas na indústria – a estratégia fortaleceu nossa marca e percepção e era completamente alinhada com nossa missão de conquistas de alta qualidade.

As estratégias de pessoas focadas no cliente priorizam a eficiência daqueles que interagem com eles. Em uma empresa, desenhamos o organograma com o cliente estando no topo. O cargo mais alto no mapa era o de recepcionista – o ponto inicial de contato do cliente com a companhia. As estratégias de pessoas focadas no cliente treinam pessoas para dar atendimento no nível "John Lewis" e as recompensam por isso. O mesmo se aplica se um consumidor é um cliente interno em seu negócio.

Finanças

Consideramos sobre ter o produto certo no mercado e revisamos algumas estratégias de produto, mas temos o produto certo para atender às necessidades do cliente obtendo lucro? A inclusão do termo "obtendo lucro" é vital já que muitos consumidores adorariam comprar um Rolls Royce por R$1,00. O cliente ganha e a companhia vai a falência. Quando a fabricante de carros British Leyland fez o Mini em 1959, eles o vendiam por £ 500. É dito que a fabricante alemã BMW, que ironicamente agora é detentora da marca Mini, olhou para o carro e concluiu que não poderia fabricá-lo por menos de £ 520 e, então, concluíram que a British Leyland deveria ter muito prejuízo em cada veículo e eles tinham mesmo. A British Leyland cometeu o erro simples de não entender o alicerce das finanças. Eles sofreram para aprender com seus erros. Nos anos 1970, a gigante nacionalizada produziu o Hillman Avanger. Eles resolveram quanto custaria para fabricá-lo, adicionaram uma margem adequada e colocaram o carro no mercado por £ 822. O problema estava no fato de carros semelhantes serem vendidos significativamente mais baratos – o Ford Escort por £ 635 e o Vauxhall Viva por £ 690. Eles cometeram outro erro clássico de estratégia financeira – o custo maior que o preço.

Ser bem-sucedido nesse alicerce significa ter o produto certo para os consumidores certos pelo preço certo, o que significa que o cliente compra e a empresa lucra. Parece muito simples, mas muitos enganos são cometidos. Aqui temos alguns exemplos da minha carreira financeira.

Exemplo 1 – fabricante de plásticos flexíveis

Trabalhei para uma empresa que fazia milhões de sacos plásticos para pão, confeitaria e lanches, sacolas de compras e outros. O folclore da empresa dizia que as sacolas feitas de polipropileno (um tipo de plástico) geravam margens maiores que as feitas de polietileno. Então, quando estávamos perdendo margem, pedíamos às equipes comerciais para focar no polipropileno. Um dia, decidi investigar aquele folclore. Pode ter sido verdade 15 anos antes quando a companhia nasceu, mas minha investigação mostrou que o polipropileno teve uma margem pequena e, portanto, quando estávamos com a margem baixa estávamos instruindo a equipe de vendas para piorar a situação, vendendo mais produtos de margem baixa! Isso seria uma falha no alicerce financeiro dos "alicerces dos negócios".

Exemplo 2 – indústria alimentícia

Em outra empresa, produzíamos um produto fantástico de alta qualidade, uma torta de salmão e brócolis. Era um exemplo maravilhoso de uma boa comida processada. No entanto, descobrimos que o consumidor só estava preparado para pagar um pequeno acréscimo por esse produto superlativo e se aumentássemos o preço, a demanda cairia. Tomamos relutantemente a decisão de acabar com a produção e usar a capacidade produtiva para aumentar as vendas de margens maiores, qualidade inferior e quiches Lorraine menos interessantes. Os lucros daquela linha de produção subiram. Produzir o item pelo preço que o consumidor sente que é correto é vital para o alicerce financeiro.

Exemplo 3 – fabricante de plásticos sólidos

Tive que supervisionar um fabricante por um curto período de tempo – eles fabricavam lixeiras e garrafas de água. Alguns custos em qualquer ambiente são fixos – eles não alteram com a quantidade produzida – como aluguel e taxas da fábrica ou escritório, os salários das equipes de venda e administrativa, as contas dos aluguéis dos carros das equipes de venda. Estes custos são pulverizados ou divididos em cada produto, de forma que não cometêssemos o mesmo erro que a British Leyland. Constatei que essa empresa levava sete segundos para fabricar uma lixeira. Os concorrentes estavam levando três segundos. A empresa estava, portanto, produzindo menos da metade de produtos do que os concorrentes podiam ao mesmo tempo. Isso também significava que a quantidade de despesas gerais repartidas para cada lixeira, assumindo que os custos de ambas as empresas eram iguais, era mais que o dobro que a dos concorrentes. Essa empresa estava se contentando com uma margem menor ou estava precificando seus produtos muito alto.

Exemplo 4 – hospital

Esse exemplo levanta a questão de que o mais barato pode não ser o melhor. Em dois exemplos, um departamento centralizado de aquisição fez mudanças em itens usados por médicos cirurgiões. Um dos itens eram toalhas de papel mais baratas, que eles usariam para secar as mãos antes e durante as operações. O outro era uma luva de látex mais barata, que eles usavam durante as operações. Em ambos os casos, a decisão da aquisição foi crucial. As toalhas de papel eram tão finas que os cirurgiões usavam quatro ou cinco cada vez que lavavam as mãos, em comparação com as duas toalhas que usavam anteriormente. O uso de toalhas de papel, por um preço relativamente mais barato, mais que dobrou e os custos gerais aumentaram. As novas luvas de látex eram mais finas e feitas de um látex de qualidade inferior – mas, mais barato. Para muitos cirurgiões, as luvas rasgavam quando estavam sendo colocadas e então eram imediatamente descartadas e outro par era usado. Novamente, o uso geral disparou, ultrapassando a economia e aumentando os custos gerais. A estratégia de compras precisa ser pensada!

Finanças focadas no consumidor consistem em ter o produto no mercado pelo preço certo. Finanças focadas nos negócios consistem em produzir a mercadoria pelo preço certo para ter lucro. O preço correto é sempre aquele que o consumidor está disposto a pagar e então a melhor estratégia de precificação é muitas vezes trabalhar em sentido inverso a partir daí:

- Quanto o consumidor está disposto a pagar?
- Por quanto posso fabricar o produto?
- A diferença entre os dois me dá uma margem adequada para lucros?
- Se não, quais estratégias posso usar para aumentar o valor na opinião dos consumidores e quais estratégias posso usar para diminuir os custos?

Processos

Essa é com frequência uma área muito negligenciada do foco estratégico, mas pode gerar grandes benefícios, como a Amazon e o McDonald's têm provado. Um dos melhores processos que já testemunhei é como o McDonald's faz um hambúrguer. Em meu trabalho, treino diretores financeiros. Às vezes os aconselho a visitar o McDonald's para observar a conversão do material cru no produto final, que, então, é embalado e rapidamente vendido – convertido em dinheiro. Digo a eles que cada processo em seus negócios deveria ser tão tranquilo quanto – seja a interface do seu cliente com você ou a criação de suas contas de gerenciamento. Processos melhores diminuem custos e interagem com estratégias financeiras, levam a menos frustrações do pessoal e, portanto, interagem com estratégias internas de pessoas e podem ter consequências para clientes externos também, como demonstra a Amazon.

A Amazon foi pioneira na "tecnologia de um clique" para assegurar que é tão fácil quanto possível comprar deles. Eles recomendam compras em potencial com base no seu histórico de compras. Eles farão o possível para tornar o processo de compra tão rápido e fácil quanto pode ser.

O mundo da psicometria comportamental (Myers Briggs, DISC e mais de cem outros) não mudou significativamente desde a criação dessas ferramentas nos anos 1920 a 1940. Na maioria dos casos completamos um questionário no papel, mandamos para um especialista e algum tempo depois recebemos suas deliberações pelo correio. Mais recentemente alguns mudaram para avaliações *on-line* que, para os relatórios mais úteis e de melhor qualidade, são então sujeitos a mesma deliberação de especialistas e leva apenas alguns dias para receber um documento. A EvaluationStore.com consagrou-se como um provedor de um processo que faz o que *coaches* e especialistas levam horas para produzir em apenas alguns minutos. Uma avaliação *on-line* é completada e antes de você fazer uma xícara de chá, um relatório completo e uma análise estará no seu *e-mail*. Eles não mudaram a avaliação, somente a forma como o processo funciona e a forma como é entregue ao consumidor.

> Pense sobre os processos com foco no cliente – seu negócio é fácil de lidar ou você ergueu barreiras para o contato, barreiras que criam atrasos ou barreiras que atrasam a entrega do produto ao consumidor?

Tecnologia

O fator crítico em considerar as estratégias internas de tecnologia é o uso da palavra "apropriada". A questão global é se as estratégias irão produzir o nível apropriado de tecnologia para o negócio. É fácil ser seduzido por um desejo pela maior ou melhor quando não é necessário. Uma das cadeias varejistas britânicas, deliberadamente, escolhe o nível de tecnologia mais barato e simples que eles podem ter. Isso minimiza seus gastos e o padrão de comportamento (interno) se encaixa com o posicionamento de baixo custo no mercado (externo). Por outro lado, seria ridículo para as lojas hi-tech da Apple adotar essa estratégia – haveria um desencontro entre interno/externo e padrão de comportamento/posição.

Na Europa e nos Estados Unidos, onde são altos os custos trabalhistas e os níveis educacionais, níveis de tecnologia altos são, provavelmente, mais apropriados do que em outras partes do mundo. Um amigo estava visitando um hospital em uma área remota da África subsaariana. Algumas tecnologias avançadas tinham sido generosamente doadas por uma instituição de caridade americana. No entanto, o hospital não tinha a expertise para usá-la. Era uma tecnologia inapropriada e se revelou redundante.

Um exemplo de 2001 da tecnologia sendo inadequada é o do site EBuyer. Eles viram a última segunda-feira de novembro como uma oportunidade de vender uma variedade de produtos *on-line* por preços incrivelmente baixos – a maioria por £ 1. Câmeras, jogos e *notebooks* eram vendidos por £ 1. No entanto, a demanda crescente pelos produtos disparou as visitas ao site e a EBuyer calculou terrivelmente mal o impacto em seus servidores – o *site* caiu, deixando os clientes sem conseguir comprar, devido ao planejamento inadequado da tecnologia.

Marketing

Estratégias de *marketing* serão abordadas no capítulo de quinta-feira, então seguiremos em frente.

Estratégia

Todos os conselhos em que já estive ou em que trabalhei tinham, em algum ponto, degenerado-se ao que chamo de "maior nível de irrelevância". O conselho é composto de diretores, mas, apesar do nome de nossos cargos, frequentemente assumimos tarefas de gestão menos estratégicas. Uma das razões para isso acontecer é estarmos em nossa zona de conforto – temos mais experiência em papéis que nos levaram à mesa do conselho do que temos atualmente funcionando como um conselho. Nosso desafio é assegurar que o conselho (ou a equipe de liderança divisional) exerça seu mandato e requerimento para operar no nível estratégico. Se conseguirmos isso, estaremos exercitando nossos papéis mais corretamente e assumindo aquelas tarefas vitais como considerar estratégias alternativas, explorar se uma estratégia está funcionando ou não e quais aspectos estratégicos estão nos trilhos ou com problemas.

A melhor maneira que encontrei para fazer isso foi implementar o *scorecard* estratégico CIMA (Charted Institute of Management Accountants). O *download* de uma explicação gratuita pode ser encontrado no site CIMAglobal.com.

CIMA *scorecard* estratégico ®

posição estratégica	opções estratégicas
implementação estratégica	risco estratégico

A maioria de nós usou versões de *balanced scorecard* de Kaplan ou de Norton, apesar de eu raramente ter visto um que fosse realmente equilibrado – normalmente eles são bastante tendenciosos financeiramente. Essa é uma boa ferramenta para auxiliar aspectos operacionais do negócio e como tal é uma ferramenta de gestão e não uma ferramenta para o nível do conselho, em que os diretores devem dirigir. Minha sugestão para manter a estratégia na agenda do conselho e assegurar que a conversa seja sobre as coisas certas e no nível certo é ter quatro aspectos dos *scorecards* como itens fundamentais nas reuniões de conselho e em seu pacote de informações – de igual, senão maior importância que o relatório financeiro.

O que os membros do conselho discutem nessa seção estratégica será diferente em cada reunião e serão dependentes dos compiladores e provedores da informação do conselho em produzir um conjunto de materiais flexível, consistente e apropriado para cada reunião. Exemplos do que poderia ser discutido em cada ponto pode incluir:

- **Posição**: Aqui eles considerariam aspectos externos de larga escala, como os cinco Ps, ou aspectos internos de pequena escala, como os abordados neste capítulo.
- **Escolha**: A avaliação de opções, as bases da escolha, parâmetros e requerimentos daquela escolha.
- **Risco**: O que poderia dar errado? Quais os riscos na *supply chain*? Riscos para a escolha do consumidor com itens alternativos e substitutos? Que atividade concorrente é evidente ou esperada? Que riscos internos (lado direito da escada) são evidentes?
- **Implementação**: Estamos na trilha? A estratégia está funcionando? Está de acordo com parâmetros que estabelecemos e atingindo os objetivos definidos?

Em cada caso, haverá boas informações disponíveis e discussões relevantes, mas também o processo de considerar a estratégia irá destacar metodicamente onde há ausência de informação de boa qualidade. Por exemplo, se não temos conhecimento da atividade concorrente, isso deveria soar o alarme neural de todos os membros do conselho e a informação deveria ser buscada.

Resumo

Estamos vendendo o produto certo para as pessoas certas, pelo preço e custo certos, por meio do processo certo, com a tecnologia certa e o *marketing* certo e nossa estratégia global está correta? O modo "alicerces do negócio" nos guia por esse processo de pensamento estratégico. Ele procura desenvolver um negócio que ativamente considere todos esses aspectos e que esperançosamente possa em tempo hábil responder "sim" a essas perguntas.

Para entender tudo isso, cada alicerce deve ter o cliente como foco, mas cada aspecto é interno, sob nosso controle ou influência. Como um *template* para análise, ele nos provê um *checklist* de aspectos importantes para considerar no desenvolvimento estratégico de nosso negócio. Usado criticamente, pode destacar pontos fracos em nossa estratégia de negócio e fornecer o foco de como melhorar.

A estratégia não é apenas sobre fatores externos e manobras no mercado; é também sobre deixar-nos no formato e jeito certos para ser eficaz como um negócio – estratégias para o sucesso deveriam incluir estratégias para melhorar e maximizar esses fatores internos tão bem quanto as mais *high-profile* e, discutivelmente, mais excitantes estratégias externas.

Perguntas

Podemos checar nosso entendimento do que cobrimos neste capítulo respondendo a estas perguntas de múltipla escolha e, depois, comparando nossas respostas com as que estão ao final do livro.

1. **Quais são os alicerces do negócio?**
   a) Produto, pessoas, finanças, estratégia, processo, tecnologia e *marketing* ❑
   b) Produto, pesquisa, cliente, publicidade, distribuição e logística ❑
   c) Produto, preço, plano, lugar, pessoas e promoção ❑
   d) Plano, padrão, posição, perspectiva, manobra ❑

2. **Por que o "cliente" não é um alicerce?**
   a) As empresas deveriam focar em conduzir seus negócios de forma correta – os clientes iriam seguir ❑
   b) Sempre há clientes o suficiente se o *marketing* é correto ❑
   c) Muito foco no cliente diminui a lucratividade ❑
   d) O consumidor deveria estar no coração de cada alicerce do modelo ❑

3. **O que é necessário para o sucesso no alicerce do produto?**
   a) Ter um produto disponível para venda ❑
   b) Ter um bom processo contínuo de desenvolvimento de produto ❑
   c) Ter um produto que o consumidor perceba que atenda suas necessidades ❑
   d) Ter uma gama de produtos alternativos para o consumidor poder escolher ❑

4. **Qual o preço certo?**
   a) Um preço que satisfaz as necessidades do consumidor e tem lucro ❑
   b) Um preço baixo para ganhar penetração no mercado ❑
   c) Um preço que obtém lucro para tornar a empresa sustentável ❑
   d) O preço mais alto que o consumidor pagar ❑

5. **Quais as seções do *scorecard* estratégico CIMA?**
   a) Cliente, mercado, produto e *marketing* ❑
   b) Análise, opção, escolha e implementação ❑
   c) Posição estratégica, opções, risco e implementação ❑
   d) Finança, preço, custo e lucro ❑

6. **O que ganharia um "reconhecimento" no alicerce da tecnologia?**
   a) Estratégias para assegurar a melhor tecnologia disponível ❑
   b) Estratégias para implementar novas tecnologias mais rapidamente ❑
   c) Estratégias para assegurar que sua tecnologia é melhor que a do concorrente ❑
   d) Estratégias para assegurar o nível mais apropriado de tecnologia ❑

7. **O que a EvaluationStore. com fez com os testes de perfil psicométricos?**
   a) Mudou o processo tornando-o *on-line* e instantâneo ❑
   b) Mudou o produto tornando-o mais moderno e relevante ❑
   c) Mudou o *marketing* tendo somente uma oferta *on-line* ❑
   d) Mudou a estratégia mesclando uma avaliação comportamental e de personalidade ❑

8. **Quando é apropriado para a estratégia de remuneração de pessoas pagar o menos possível?**
   a) Quando é um trabalho manual, fora do escritório ou clérigo ❑
   b) Quando a empresa precisa economizar ❑
   c) Quando é um trabalho em um país em desenvolvimento sem uma infraestrutura completa ❑
   d) Quando o trabalho é de baixa especialidade, fácil de treinar e de recrutar ❑

9. **Quando é apropriado para a estratégia de remuneração de pessoas pagar o maior possível?**
   a) Quando o país tem um alto nível de vida ❏
   b) Quando o trabalho é altamente especializado e a empresa quer os melhores funcionários ❏
   c) Quando é um negócio de *fair trade* e o pagamento ao produtor deve ser o suficiente para este viver ❏
   d) Quando há uma escassez de trabalho e as empresas estão competindo por funcionários ❏

10. **O que era/é errado com a estratégia financeira de custo mais margem?**
    a) Pode haver enganos com o cálculo de custos ❏
    b) Não considera contingência em caso de movimentações no preço da fabricação ❏
    c) É meramente focado internamente e não considera o que o mercado irá pagar ❏
    d) É antiquado e métodos mais modernos devem ser usados ❏

QUARTA-FEIRA

Entendendo a estratégia de marketing

O Chartered Institute of Marketing define o *marketing* como

> [...] o processo de gestão responsável por identificar, antecipar e satisfazer as necessidades dos consumidores de forma lucrativa.

Mas completa:

> No mundo em rápida mudança dos negócios, as definições raramente permanecem as mesmas.

A estratégia de *marketing* seria então um conjunto de processos ou o caminho tomado para transformar essa definição em realidade em sua empresa. No entanto, o requerimento de "lucratividade" e centralização no "cliente" demonstra que é focado no setor comercial. Organizações não lucrativas e do setor público ou governamental deveriam estar igualmente preocupadas com o *marketing*. Essa definição, portanto, tem omissões. Da mesma forma, muitos argumentariam que essa definição é muito abrangente – abrange literalmente a maioria do que um negócio faz – da aquisição e fabricação à logística e finanças.

A American Marketing Association define o *marketing* como:

> A atividade, conjunto de instituições e processos para criar, comunicar, entregar e trocar ofertas que tem valor para os consumidores, clientes, parceiros e a sociedade como um todo.

E um dicionário *on-line* o define como:

> O total de atividades envolvidas na transferência de bens do vendedor ao consumidor.

O ponto é, novamente, como ocorre com a estratégia, marca e assim por diante, não há uma definição clara, sem ambiguidade ou até largamente aceita de *marketing*.

Este capítulo irá explorar o que envolve *marketing* e estratégia de *marketing*, dará um panorama para considerar diferentes alvos estratégicos de qualquer atividade de *marketing* e irá propor alguns desafios para reflexão.

O que o *marketing* envolve?

Ao considerar estratégias de *marketing*, estudantes de estudos de negócios no ensino médio normalmente aprendem sobre os nove Ps do *marketing*. Cada P é um aspecto do *marketing* e cada um é parte do *mix* estratégico criado para assegurar o sucesso do negócio. Ao desenvolver nossa estratégia de *marketing*, estamos buscando desenvolver uma série de atividades coordenadas, usando os nove Ps para facilitar o sucesso de nossa estratégia organizacional geral. Esses Ps não são algo para ser observado isoladamente; eles são as ferramentas para a parte do *marketing* de nossa estratégia geral de negócios.

Produto – assegurar que o produto atenda as necessidades do consumidor e ter um sistema pronto para assegurar que isso é monitorado, à medida que as necessidades e desejos do consumidor mudam.

Preço – qualquer produto ou serviço só é bem-sucedido se é vendido a um preço que o consumidor acredita ser aceitável. Este P é sobre ter o preço certo.

Praça – o produto deve estar disponível – no lugar certo e na hora certa. O comércio *on-line* revolucionou o *marketing* com a disponibilidade 24/7, ou seja, estar disponível 24 horas por dia nos sete dias da semana é agora uma norma por meio dos *sites*.

Promoção – a comunicação com o mercado e as mensagens que a empresa está projetando.

Posicionamento físico – como os produtos são apresentados ao consumidor, por exemplo, em um ambiente varejista. Supermercados tendem a colocar itens essenciais como pão e leite na parte de trás da loja para assegurar que os consumidores tenham que passar por diversos produtos até chegar a eles – e então talvez faça uma compra espontânea adicional. Igualmente, é provavelmente impossível comprar na Ikea e levar somente um item – o *layout* das lojas leva o consumidor a uma viagem, seção por seção, com múltiplas opções de compras em cada ambiente.

Processos – assegurar que o processo aumenta a experiência de compra do consumidor e não a impede. Compare o processo positivo da Amazon de um clique com a tortuosa briga de abundantes opções numéricas e filas inevitáveis ouvindo músicas de gosto duvidoso em muitos SACs de algumas empresas.

Provisão de serviço ao consumidor – o quanto a experiência positiva do consumidor é maximizada. A varejista inglesa John Lewis, citada no primeiro capítulo, exemplifica aqui o sucesso.

Pessoas – assegurar que qualquer um que entre em contato com o consumidor esteja mostrando a mensagem de *marketing* desejada. Por exemplo, *call centers* de serviços financeiros precisam ter uma equipe que seja rápida, educada e inteligente se querem que os clientes confiem a eles seu dinheiro.

Prova física – procurar dar ao cliente a evidência que a compra vai satisfazer as expectativas anteriores. Por exemplo, resenhas escritas sobre hotéis ou assepsia exemplar em uma cirurgia.

Arte, não uma ciência

Um dos aspectos problemáticos de qualquer esforço de *marketing*, em qualquer um dos nove Ps, é que certamente não alcançará o resultado esperado! Se iniciamos uma campanha (parte do P de promoção) para aumentar as vendas em 5%, enquanto a campanha durar, é um julgamento que usa a experiência de experts do que fazer e de como fazer, onde fazer e quando. Normalmente, não há nenhuma habilidade para gastar 50 milhões de dólares em uma campanha e receber um retorno garantido de 50 milhões de dólares em vendas adicionais. Essa campanha pode não atingir nada, pode superar as expectativas, pode ter um impacto somente na duração da campanha ou pode não ter um impacto imediato, mas mostrar resultados em meses futuros. Em todos esses exemplos, a campanha não alcançou o que estava estabelecido – um aumento de 5% nas vendas durante a campanha.

Há também oportunidades limitadas para desenvolver "experimento científico ou de controle" – diferentes estratégias de *marketing* em diferentes áreas para estabelecer qual foi a mais eficaz; ou uma iniciativa de *marketing* em uma área e não em outra, para observar as diferenças. Mesmo quando possível, não é garantido que o mesmo resultado seja alcançado por meio da repetição ou, se são regiões geográficas diferentes, que os resultados sejam os mesmos se o que for feito na região A fosse feito na região B e vice-versa.

Portanto, o *marketing* requer atos de julgamento significantes e opiniões sobre o que seria mais eficaz e mais apropriado. Em muitos casos, os resultados atuais são significativamente diferentes dos esperados. Em 2007, a fabricante inglesa Cadbury (agora parte da americana Kraft), sofreu uma erosão na confiança do consumidor em parte por causa de um medo de contaminação em 2006 e seu caro *recall* do produto e multa por parte da British Food Standards Agency; e também parcialmente devido à produção de ovos de Páscoa com traços de nozes, mas sem aviso desse acréscimo para aqueles com alergia à nozes – uma condição potencialmente fatal. A Cadbury precisava retomar uma sensibilização mais forte do consumidor e uma imagem mais positiva. A campanha de *marketing* para sua marca principal, Cadbury Dairy Milk (CDM) com elementos coordenados em jornais, *outdoors*, cinema e televisão foi lançada na Inglaterra em agosto de 2007 em que um gorila tocava tambores em uma música do Phil Collins, *In the air tonight*. Ninguém poderia prever o nível de sucesso. A versão para o Youtube da campanha atingiu 500 mil visualizações na primeira semana, mais de 6 milhões em 3 meses; o gorila tinha mais de 70 grupos de fãs no Facebook e diversas paródias do anúncio surgiram como homenagem. As vendas de CDM aumentaram 9% (valendo aproximadamente 18 milhões de libras) e uma pesquisa da YouGov mostrou que mais de 20% da população inglesa via a CDM de maneira mais positiva depois da campanha do que antes. A campanha foi posteriormente expandida internacionalmente.

O *marketing* pode não ter como objetivo o aumento nas vendas

Um engano comum é que a função do *marketing* é aumentar as vendas. Esta pode ser uma das mais importantes funções do *marketing*, mas não sempre.

Às vezes a estratégia de *marketing* enfoca não atingir aspectos como uma maior fatia do mercado ou aumento nas vendas, mas aspectos menos tangíveis ou em minimizar ocorrências negativas. O propósito de uma peça específica de esforço de *marketing* poderia incluir razões e alvos como:

- **Manter a posição atual** – poucos podem esquecer marcas como McDonald's e Coca Cola, mas eles continuam com sua publicidade alta para permanecer onde estão – entre as 10 marcas globais mais importantes. A erosão gradual da mensagem na mente do consumidor é quase inevitável a menos que esta seja continuamente reforçada. Os negócios podem ser como tentar subir uma escada rolante que desce – se você ficar parado, irá andar para trás. *Marketing* de manutenção procura prevenir esse movimento de descida.
- **Minimizar o impacto negativo** – como aquele tomado pela Toyota depois das consequências tragicamente fatais de veículos que aceleravam involuntariamente e além da capacidade dos freios de parar o carro. O *Los Angeles Times* afirmou que havia 1.200 ocorrências (8 de novembro de 2009). Em janeiro de 2010, a Toyota iniciou um *recall* de aproximadamente 6.5 milhões de carros para solucionar o problema. Sem uma comunicação de *marketing* eficaz, os clientes ficariam relutantes em comprar da Toyota novamente. O impacto fez a Toyota cair para a 11ª posição das marcas mais valiosas em 2010 e 2011 – ela

era a 6ª mais forte em 2007 e 2008, mas a marca ainda é avaliada pela Interbrand em 28 bilhões de dólares (ela atingiu 34 bilhões em 2008).
- **Resposta a ação competitiva** – tendo atingido tal sucesso com a campanha do gorila, a Cadbury não podia descansar. Um chocolate da Mars lançou uma campanha para atingir o público-alvo feminino em "momentos de indulgência". A venda desse chocolate aumentou 12%, para 80 milhões de libras e a Cadbury teve que responder quase dobrando as despesas com *marketing* na marca CDM em 2007 e 2008.
- ***Marketing* de sensibilização** – em alguns casos, o *marketing* deve colocar o cliente potencial na rota para tornar-se um comprador. Esforços para aumentar o conhecimento do consumidor da existência da empresa, organização ou produto são o primeiro passo na jornada, mas os fundos oriundos das compras podem não ter fluxo até mais tarde na jornada.
- **Mudar a percepção ou comportamento** – muito da atividade no setor não lucrativo se encaixa aqui. Propagandas do governo sobre consciência no uso do álcool não tem a intenção de aumentar sua venda!
- **Responsabilidade social corporativa** – em que a empresa procura comunicar suas atividades para aumentar seu lucro como um cidadão corporativo responsável; por exemplo, em 2011, o National Westminster Bank britânico (parte da RBS) lançou uma campanha nacional de televisão mostrando elementos de seu programa de ação na comunidade – de como seus funcionários vão às escolas para ensinar finanças ou para arrecadar dinheiro para a caridade.

O funil do *marketing*

Estratégias de *marketing* para atingir qualquer um dos nove Ps deveriam ser bem pensadas – você precisa saber exatamente o que eles pretendem fazer. Um esforço de *marketing* mal pensado, vagamente definido, sem alvo definido é frequentemente um esforço perdido e um desperdício de dinheiro. A intenção estratégica de qualquer iniciativa de *marke-*

ting é tão vital quanto a intenção estratégica em qualquer área da estratégia – precisamente qual é cada aspecto que uma estratégia de *marketing* procura atingir? Para ajudar a explorar isso, podemos usar um "funil de *marketing*" para separar diversos alvos em nossas estratégias.

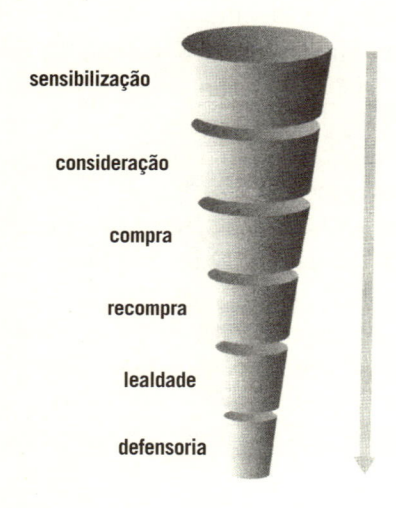

- sensibilização
- consideração
- compra
- recompra
- lealdade
- defensoria

Sensibilização

O objetivo do *marketing* direcionado é assegurar que aqueles do grupo de potenciais clientes que não estão conscientes das ofertas da empresa adquiram consciência de sua existência. Isso não é sobre vendas, mas é o primeiro passo em direção a uma venda. Seja qual for um dos nove Ps utilizados, a mensagem deve ser consistente em relação à marca. Ninguém que assiste a Fórmula 1 não irá reconhecer uma Ferrari. Poucos de nós iremos para o próximo passo, de considerar comprar uma Ferrari, mas o *marketing* atingiu seu objetivo de nos alertar sobre a existência da marca.

É um ponto importante que, em muitos casos, não é um objetivo automático progredir através do funil. O pensamento de *marketing* mais tradicional e antigo procuraria guiar os consumidores pelo funil e a construção das pistas do diagrama a uma audiência mais ampla para sensibilização, menor para consideração, ainda menor para aquisição conforme alguns se perdem em cada estágio. Algumas abordagens de *marketing* tradicionais procuram maximizar a velocidade em que levam os consumidores para baixo do modelo e minimizar a perda de clientes em cada estágio.

No entanto, nem todo negócio e todo produto quer ter uma grande quantidade de clientes em todo o caminho do funil no grupo de "defesa". Em seu livro *How Brands Grow*, Byron Sharp argumenta que com um produto que:

- tem um baixo valor de compra,
- é frequentemente adquirido,
- tem uma ampla escolha de produtos concorrentes alternativos,
- é de decisão de compra rápida ou impulsiva,

... um negócio crescerá mais por meio da atração de um número maior de consumidores, do que iria se um número pequeno de consumidores comprasse com frequência. Bebidas, xampu, cervejas, vinhos, muitas comidas e lanches seriam exemplos relevantes.

Consideração

O segundo setor é a atividade de *marketing* que tem como objetivo gerar a possibilidade de compra na mente do consumidor potencial. Não a compra por si só, mas ser consciente da possibilidade de compra. Às vezes, o movimento do consumidor para a "sensibilização" para a "compra" é um grande passo e precisa de estratégias para posicionar um produto como uma possibilidade – estas são as estratégias de "consideração". Elas podem levar um tempo curto ou longo, mas tem uma mensagem distinta da mensagem "compre-me" buscando compradores.

Troco meu carro a cada três anos e atualmente dirijo um Jaguar. A concessionária da Mercedes-Bens local mantém contato telefônico a cada nove meses para me avisar das novidades em seus produtos – uma estratégia de *marketing* destinada a esse setor da consideração.

Uma tática frequentemente usada nessa área é almejar que o produto seja visto como par de um líder de mercado ou de um concorrente bem-sucedido. A Pepsi produziu alguns anúncios "anti-Coca" excelentes. A Coca-Cola vende mais do que a Pepsi em todo o mundo, menos no mundo árabe. Atacou a número um na mente do consumidor e, por isso, colocou-se na categoria de ser considerada para compra como uma alternativa a número um.

Compra

Esse é o esforço máximo do *marketing*: qualquer um dos Ps tem o objetivo de encorajar a compra do produto/serviço pela primeira vez. É comum que marqueteiros inexperientes começarem por aqui sem terem prestado a devida atenção aos estágios anteriores e, então, se perguntarem por que seus esforços não atingiram o objetivo desejado.

Recompra

Essas são atividades que visam gerar uma compra repetida, não necessariamente uma compra habitual nesse estágio, somente uma compra repetida e talvez regular. A Budweiser é a cerveja mais vendida nos Estados Unidos e eles gastaram milhões de libras tentando se firmar no mercado britânico. O *marketing* deles usa uma ampla variedade dos Ps, mas não parece gerar a recompra necessária para conseguir se estabelecer de maneira firme como a marca dominante. O problema é que os britânicos têm uma percepção diferente dos americanos do sabor que uma cerveja deve ter. Em conferências na Inglaterra, eu às vezes ilustro esse ponto pedindo para quem já tomou uma Budweiser levantar a mão. Normalmente, 90% levantam a mão. Minha questão seguinte pede para que quem toma Budweiser regularmente levante a mão. Nunca mais de 10% levanta a mão. Minha terceira questão é: "Conte-me, onde está o problema na estratégia da Budweiser?". As mãos levantadas tornaram-se evidentes. Eles têm grandes campanhas, mas miram os três primeiros estágios do funil – e têm sido bem-sucedidas ali. Eles não têm, no entanto, mirado nada no quarto estágio – recompra – e achariam isso difícil para o paladar europeu.

No entanto, apesar de um sucesso quase saturado no primeiro nível, eles continuaram a jogar milhões de libras/dólares no mesmo buraco. Agora que a Anheuser-Busch é propriedade da European In-Bev, o desperdício fútil de recursos de *marketing* terminou.

Lealdade

Aqui estão as atividades de *marketing* que procuram gerar uma forte preferência do consumidor por nosso produto. Estratégias de *marketing* nesse segmento procuram transformar a recompra em uma compra regular ou habitual. Um exemplo seria o uso de cartões de fidelidade em que compras frequentes geram benefícios que podem ou não estar atrelados ao produto. O cartão de fidelidade do meu hotel me permite ter uma estadia no final de semana como benefício, enquanto o cartão de fidelidade da minha companhia aérea permite uma ampla variedade de benefícios incluindo o produto – voos grátis – mais uma vasta ordem de produtos não relacionados aos voos.

Defensoria

As estratégias aqui procuram desenvolver a lealdade do consumidor até o ponto em que eles recomendem o produto/serviço a outros – e, neste caso, a atividade de *marketing* deve também facilitar sua habilidade de fazê-lo. Esse é o território do First Direct Bank – pioneiro das operações bancárias por telefone e depois do *internet banking*. A First Direct começou um sistema de operações bancárias por telefone 24 horas, 7 dias por semana, num domingo, 1 de outubro de 1989. As primeiras 24 horas resultaram em mil chamadas. O conceito era simples – operações bancárias sem agências. Tudo poderia ser feito pelo telefone. Em 1997, a internet estava emergindo como um veículo de negócios seguro e em rápida expansão. A extensão das operações bancárias por telefone para o *internet banking* era uma progressão natural. Nos últimos 25 anos, pesquisas da MORI e da NOP* mostraram que a First Direct era o banco mais recomendado. Uma média de 36% dos clientes se unia ao banco por meio de recomendações pessoais – esse era o resultado de clientes tornando-se defensores.

   Cada elemento de nossas iniciativas de *marketing* deve saber o que procura alcançar e o funil é uma ferramenta excepcionalmente útil para nos ajudar a segmentar nossas estratégias e atividades de *marketing*.

---

* MORI e NOP são empresas de pesquisas de mercado do Reino Unido.

Acima e abaixo da linha

Você provavelmente ouve essas expressões em discussões sobre estratégias de *marketing*. Não será nenhuma surpresa para o leitor saber que os publicitários discordam sobre exatamente o que é a "linha" e sobre abreviar as expressões para ATL e BTL (*Above the line* e *Below the line,* respectivamente). Os termos tiveram origem no mundo da contabilidade quando alguns tipos de *marketing* ganharam da agência de *marketing* um pagamento de comissão (ATL) e outros não (BTL), mas os custos de *marketing* não são cobrados dessa maneira desde os anos 1960, então o motivo para a diferenciação em dois tipos de despesas de *marketing* não é mais relevante. No entanto, os termos permaneceram.

A minha preferida das definições é a da linha sendo uma visibilidade evidente e a comunicação direta com o consumidor através da mídia pública. Então a ATL incluiria publicidade em jornais, outdoors, rádio, cinemas e televisão. BTL, em minha definição, corresponde a coisas que acontecem no *background*, sem o uso direto da mídia pública como em *flyers*, *e-mail marketing*, promoções, promoções de corredor e patrocínio.

Minha "linha" da mídia e comunicação direta não é uma definição universalmente aceita. Alguns veem uma forma de linha contábil e outros uma linha que separa *marketing* de massa do *marketing* de nicho. No entanto, na comunicação empresarial real com publicitários, minha definição é amplamente entendida.

Uma variante mais moderna é *through the line* (TTL ou através da linha), que é uma coordenação sensível da ATL e BTL para servir mutualmente de apoio e assim amplificar o impacto do *marketing*.

Mensurando o *marketing*

O gasto com *marketing* é um investimento para o negócio e como tal requer responsabilidade, controle e um exame minucioso, como qualquer outro investimento. Determinar seus métodos e quais resultados vocês estão mensurando é a chave.

Qualquer atividade de *marketing* irá incorrer em um custo de investimento. Com isso, você irá determinar:

- alvos de distribuição – proporção da cobertura geográfica;
- velocidade de venda – por exemplo, quantas novidades são vendidas em uma loja varejista por semana;
- velocidade de recompra;
- penetração – proporção do público-alvo que tem comprado seu produto;
- taxas de resgate – por exemplo, quantos cupons de desconto foram usados ou para uma promoção agregada (como um código em uma bebida que, inserido em um site, permite ao comprador concorrer a R$ 1.000,00), quantas pessoas entraram no concurso;
- alvo de aumento nas vendas.

A essência de qualquer monitoramento de qualquer investimento é estabelecer o que você procura atingir com o investimento e então mensurar a extensão da conquista de seus objetivos. O investimento em *marketing* não é diferente.

No início, ninguém tinha objetivo, nem calculava o custo e havia a escuridão.

Há uma infinidade de pacotes de *marketing* econométricos disponíveis que podem gerar diferentes efeitos, como promoções dentro da loja e precificação para simplesmente identificar o efeito de um dos aspectos que você está considerando – por exemplo, a velocidade de vendas crescente devido a sua campanha em vez de efeitos de preço e promoção.

Resumo

O *marketing* não tem uma definição simples e universal, mas o consideramos como os nove Ps de oferecer o produto certo para o consumidor do jeito certo e no preço certo. Uma estratégia integrada de *marketing* considera todos esses Ps e os usa em harmonia para atingir as aspirações do negócio. No entanto, a estratégia de *marketing* e os esforços de *marketing* não são exatos – eles não são uma fórmula científica em que a publicidade X + Y + promoção agregada = vendas + Z. Sem dúvida, em muitos casos a atividade de *marketing* não é especificamente focada no aumento das vendas. Isso frequentemente torna difícil justificá-la e mensurá-la.

Um modelo útil para considerar a estratégia é o "funil", que demonstra seis diferentes alvos da iniciativa de *marketing*, estratégia ou campanha. Toda a atividade de *marketing* deve ser capaz de estabelecer precisamente o que está almejando fazer – seja uma das categorias que não objetivam aumento nas vendas ou qual dos seis elementos do funil está procurando incentivar. Objetivos de *marketing* vagos tendem a ser uma estratégia pobre e um desperdício de dinheiro. Uma estratégia bem pensada, coordenada e segmentada com objetivos específicos está infinitamente mais propensa ao sucesso.

Perguntas

Podemos checar nosso entendimento do que cobrimos neste capítulo respondendo a estas perguntas de múltipla escolha e, depois, comparando nossas respostas com as que estão ao final do livro.

1. **Qual é a definição de *marketing*?**
   a) Persuadir pessoas a comprar seu produto ❏
   b) Apresentar seu produto como uma alternativa atraente ❏
   c) Vender produtos, que não voltam, para consumidores que voltam ❏
   d) Não há um consenso na definição de *marketing* ❏

2. **Qual desses não está nos nove Ps?**
   a) Provisão de serviço ao consumidor ❏
   b) *Performance* ❏
   c) Prova física ❏
   d) Provisão de evidência ❏

3. **A que o "P" de "praça" refere-se?**
   a) Tornar o produto disponível ao consumidor ❏
   b) Onde no mercado você escolhe vender seu produto ❏
   c) Se suas vendas são *on-line* ou físicas ❏
   d) Em quais países você escolhe vender seu produto ❏

4. **O *marketing* é uma ciência ou uma arte? (Nota: há duas respostas corretas)**
   a) Uma ciência, porque pode ser mensurado ❏
   b) Uma ciência, porque temos *inputs* (gastos) e *outputs* (resultados) ❏
   c) Uma arte, porque envolve julgamento ❏
   d) Uma arte, pois os resultados não podem ser previstos ❏

5. **Qual das alternativas NÃO é uma razão para empreender uma atividade de *marketing* que NÃO irá aumentar as vendas?**
   a) Para manter posição, em resposta a uma campanha de *marketing* do concorrente ❏
   b) Para investir para minimizar o impacto de um problema ❏
   c) Para assegurar que a verba de *marketing* é totalmente usada ❏
   d) Para iniciar uma campanha destinada a tornar clientes em potencial conscientes da existência do produto ❏

6. **Qual das seguintes alternativas provavelmente NÃO é uma estratégia de *marketing* destinada a "sensibilização"?**
   a) Patrocínio esportivo ❑
   b) Promoções "leve dois, pague um" ❑
   c) Mostrar o produto em um programa de televisão, em que pode ser visto pelo telespectador ❑
   d) Presença em um grande evento público ❑

7. **Qual das seguintes alternativas provavelmente NÃO é uma estratégia de *marketing* destinada a "consideração"?**
   a) Iniciar uma pesquisa com seu produto junto ao líder de mercado para anunciar os resultados na imprensa ❑
   b) Mostrar como seu produto alimentício se compara com outros em valores nutricionais ❑
   c) Demonstrar a segurança de seu produto em comparação ao concorrente ❑
   d) Cada compra *on-line* gera um cupom de desconto para a próxima compra ❑

8. **Qual das seguintes alternativas provavelmente NÃO é uma estratégia de *marketing* destinada à "lealdade"?**
   a) Introdução de um cartão que dá ao cliente bônus e descontos para compras contínuas – como o programa *carte-blanche*, da Eurostar ❑
   b) Reduzir o preço para assegurar que o consumidor não vá a outro lugar ❑
   c) Revistas de membros – como a revista *Toyota's Club* da Toyota ❑
   d) Cartão fidelidade – como o selo por compra do café Nero – 10 compras dão direito a um café grátis ❑

9. **Qual das seguintes alternativas provavelmente NÃO é uma estratégia de *marketing* destinada a "defensoria"?**
   a) Desconto na próxima compra quando você indica um amigo ❏
   b) *Marketing* viral via redes sociais – você passa detalhes a seus amigos ❏
   c) Amostras grátis do produto em um *shopping* ❏
   d) Iniciar um concurso em que o cliente pode aumentar suas chances de ganhar se fornecer o *e-mail* de cinco amigos. Você então envia *e-mails marketing* para os avisar que o amigo deles os recomendou ❏

10. **Qual afirmação sobre mensurar os efeitos do *marketing* seria mais sábia?**
    a) O *marketing* é mais difícil de mensurar do que outros investimentos ❏
    b) O *marketing* é como qualquer outro investimento – escolha o que você quer que aconteça e mensure isso ❏
    c) O *marketing* é muito complicado de calcular usando técnicas convencionais e requer monitoramento especial ❏
    d) O *marketing* não pode ser calculado com eficiência e qualquer esforço para fazê-lo é contraprodutivo ❏

QUINTA-FEIRA

Entendendo estratégia de marca

Estratégia de marca é um subgrupo da estratégia de *marketing*. Há muito mais sobre o *marketing* do que somente estratégias de marca, mas a ênfase, importância e poder da marca significam que as estratégias de marca merecem um capítulo só delas.

Não há uma definição universal de marca – como visão, estratégia, cultura, valores –, todos temos percepções do que entendemos por marca, mas isso pode ser diferente da definição de marca para outra pessoa. Isso não afeta uma comunicação eficaz.

Uma marca pode ser:
- Uma marca de identificação na pele, feita por ferro quente (especialmente uma identificação de propriedade no corpo de um animal);
- Um personagem ficcional da Terra-Média de J. R. R. Tolkien;
- O nome de uma cerveja produzida em Wijlre, Holanda;
- Uma peça norueguesa escrita por Henry Ibsen;
- Um nome comercial, dado a um produto ou serviço;
- A soma de todas as características, tangíveis e intangíveis, que torna uma oferta única;
- A imagem imediata, emoção ou mensagem que as pessoas experimentam quando pensam em uma empresa ou produto.

Enquanto as três últimas são perfeitamente aceitáveis, irei sugerir uma definição mais comumente aceita:

Um nome comercial e todos os fatores associados, atributos e mensagens de um produto ou oferta.

Uma empresa deve querer aumentar, desenvolver e proteger esses fatores. Essa atividade é chamada de "estratégia de marca".

O propósito das marcas

A origem do uso da palavra "marca" no contexto dos negócios vem de um hábito dos criadores de gado de colocar uma marca de identificação na pele de seu gado, originalmente com ferro quente; hoje em dia, métodos mais bondosos, com tinta, são mais comuns para atestar que o gado pertence a um certo fazendeiro. Cada boi ou vaca então destacava-se como propriedade de um fazendeiro específico. A marca dos negócios modernos tem o mesmo propósito – identificar propriedade e procurar assegurar que o produto se destaque para o consumidor e para o consumidor em potencial.

Poucos produtos são idênticos a outro produto concorrente no mercado. Uma barra de chocolate Mars é diferente de um KitKat, que é diferente de um Toblerone. Para muitos de nós, há uma lista de chocolates que preferimos e nossa lista pode incluir essas três. Em cada caso, a empresa fabricante (Mars, Nestlé e Kraft, respectivamente) quer que seu produto se destaque e, fazendo isso, permitir que seja nossa escolha de doce.

Nesse exemplo das barras de chocolate, as três gigantes globais em produtos de confeitaria estão usando suas marcas em três formas ligeiramente diferentes. A Mars usa a marca para ambas as finalidades – destacar-se e identificar propriedade; o KitKat meramente procura se destacar de produtos rivais e tem a logomarca da Nestlé como proeminência adicional para identificar propriedade; e o Toblerone procura destacar-se como referência à propriedade da marca pela Kraft em letras pequenas.

Como uma marca funciona

Identificar propriedade e destacar-se são só o primeiro passo. A marca dá ao produto ou serviço uma identidade, alguns diriam que até uma personalidade. Os consumidores então compram essa identidade e personalidade quando adquirem o produto. Seus motivos para fazê-lo podem ser variados, por exemplo:

- **Imagem:** Alguém pode dirigir um Range Rover para se identificar com a imagem prestigiosa do carro – o Range Rover é am-

bicioso e caro, e dirigindo-o estou demonstrando que "sou bem-sucedido".
- **Serviço:** Muitas pessoas certamente compram livros na Amazon, apesar de pagarem um preço *premium* – eles estão escolhendo a marca Amazon porque ela tem consistentemente se demonstrado confiável, com uma entrega rápida e de fornecimento seguro.
- **Qualidade:** Um grande número de famílias começa o dia com cereais Kellogg's pois acreditam que essa marca tem uma maior qualidade do que uma marca mais barata de supermercado.

Uma marca tem valor

A empresa Interbrand faz uma avaliação das marcas mais valiosas do mundo todo ano. A Coca Cola é a vencedora perene dessa avaliação, avaliada em 2011 em 71.9 bilhões de dólares. Com o desaparecimento da Nokia, Toyota e Mercedes-Benz do *ranking*, em 2011, as dez maiores marcas eram todas americanas. A avaliação do valor da marca inclui:

- uma análise do histórico de desempenho financeiro recente da empresa dona da marca e o valor que ela entrega a seus proprietários (usualmente, os acionistas);
- o papel da marca ou a proporção da decisão de compra do consumidor devido à marca;
- a força da marca ou a habilidade da marca em obter ganhos financeiros futuros esperados.

Enquanto alguns podem querer questionar as técnicas e medidas usadas, estes três aspectos são críticos ao sucesso de qualquer negócio – desempenho financeiro, a escolha do consumidor e a garantia do futuro. Note que esses três fatores têm respectivos cronogramas de "passado, presente e futuro". Qualquer marca bem-sucedida terá êxito nessas três áreas e nesses três tempos. No entanto, todas as decisões são sobre o futuro – é o único dos três que podemos mudar ou afetar. Então, se queremos aumentar a eficácia da marca, para aumentar seu valor, o que (de acordo com a Interbrand) devemos fazer? O que nossas estratégias de marca estão procurando alcançar?

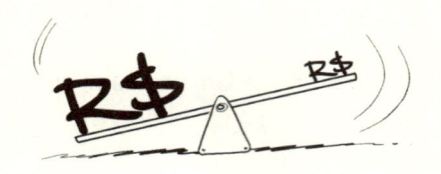

Aumentando o valor da marca

A Interbrand tem dez critérios pelos quais mensura a força da marca:

Clareza

- Clareza interna no negócio sobre o que a marca significa (por exemplo, seu valor e o posicionamento no mercado).
- Clareza sobre quem é o público-alvo e o que os leva a decisão de compra.

Comprometimento

- Comprometimento à marca a partir de dentro da empresa e o forte entendimento da sua importância.
- O suporte de tempo e de investimento que a marca recebe.

Proteção

- A segurança da marca (por exemplo, proteção legal dos aspectos de propriedade, *design* ou geográfica).

Capacidade de resposta

- A habilidade da marca em responder às mudanças no mercado, desafios e oportunidades.
- A força da liderança do negócio mais o desejo e habilidade de evoluir e renovar a marca.

Autenticidade

- O grau em que a marca é baseada em uma capacidade e verdade interna.
- Tem uma herança definida e um conjunto de valores bem fundamentado. Pode atender as expectativas do consumidor.

Relevância
- O grau em que a marca serve às necessidades ou desejos do consumidor.

Diferenciação
- O grau em que os consumidores percebem a marca como diferente da concorrência.

Coerência
- O grau em que uma marca é experiente com estabilidade e uniformidade onde quer que o cliente a encontre.

Presença
- A presença da marca no mercado e o grau em que é referida positivamente pelos consumidores nas mídias tradicionais e sociais.

Compreensão
- Mais do que mero reconhecimento, a marca é vista pelos clientes por suas qualidades diferenciadas e características.
  (Fonte: Interband; com algumas adaptações, resumos e esclarecimentos do autor)

Estratégias de marca serão, portanto, direcionadas a melhorar esses dez critérios, não meramente para crescer na classificação da Interbrand, mas para gerar um desempenho financeiro futuro esperado devido ao aumento nas vendas. É vital fazer a ligação de que as estratégias destinadas a fortalecer esses aspectos de uma marca são diretamente ligadas ao desempenho futuro do negócio e, por consequência, o valor futuro de ações e a identificação e consideração da Interbrand do critério de "força da marca" são uma boa maneira de entender isso.

Como a força da marca é aumentada

Elevar a marca e seu poder aquisitivo é atingido por meio do aumento de um ou mais critérios da Interbrand. Há centenas de possibilidades de como fazê-lo e no espaço disponível podemos dar apenas alguns exemplos:

Nome da marca: Uma marca superior de roupas irá me informar que o item não deteriorará depois de apenas algumas lavagens (e que vesti-la não será embaraçoso); uma companhia aérea sem frescuras irá me avisar que a experiência de voo será de baixo custo, porém, mais semelhante ao transporte de gado do que qualquer meio de transporte que estou acostumado. Em ambos os casos, o nome da marca identifica e atende diversos dos dez critérios de força da marca da Interbrand. Se a roupa fosse inferior ou a passagem aérea cara, a marca seria manchada. Se minha experiência de compra cumpriu ou excedeu minha expectativa para aquela marca, a marca cumpriu suas promessas e sua força aumentou.

Logomarca: Uma forte identificação. Não preciso ler os ingredientes do meu sorvete Walls para saber que será superior à versão de uma marca de supermercados – a logomarca já me deu a identificação com a marca da empresa, que significa alta qualidade e, portanto, também me deu as expectativas em relação à marca. Colocar a logomarca da Mercedes-Benz em um Classe A ou a logomarca da Volkswagen em um Phaeton diminuem a marca por meio da redução do critério de "diferenciação", "coerência" e "compreensão" da Interbrand.

Slogan: A varejista inglesa Tesco consistentemente afirma "cada pequena ajuda", a John Lewis consistentemente afirma "nunca conscientemente desvalorizado"; ambos declaram que nenhum competidor fará melhor. Um bom lema incorpora a mensagem das vendas e resume a razão de os consumidores comprarem dessa marca. Poderíamos facilmente compilar os melhores *slogans* de A a Z, a seguir, algumas entradas para A:

American Express: "Não saia de casa sem ele".

Automobile Association: "Para nossos membros, somos o quarto serviço de emergência".

Army (exército britânico): "Junte-se aos profissionais".

Em cada caso, o lema adicionado à marca está comunicando a razão para "comprar". O exército estava procurando jovens para alistamento – sua "compra" era pessoas para se alistarem.

Formas: A Coca-Cola patenteou o formato da garrafa de seu refrigerante. O formato diferenciado é agora uma comunicação de marca única. Para proteger esse aspecto da marca, o formato é patenteado – como deveriam ser todos os aspectos da comunicação de marca para auxiliar o terceiro fator da Interbrand, "proteção" e o sétimo, "diferenciação".

Cores: Somente a BP pode ter um átrio de petróleo verde, somente a Cadbury Dairy Milk pode ter a embalagem de chocolate nos tons de roxo que eles usam, JCB (Inglaterra) e Caterpillar (EUA) são amarelas, a CNN é vermelha. Vermelho e amarelo são para a DHL o que o marrom e dourado é para a UPS. Em cada um desses casos, a cor ajuda a identificar a marca e, consequentemente, aumenta a força de sua comunicação.

Aromas: Identificar um perfume por seu aroma é um requerimento óbvio para uma estratégia de marca, como é prevenir qualquer imitação, e o mesmo é verdadeiro para neutralizadores de odores e produtos de limpeza. No entanto, uma indústria inteira está emergindo, procurando atrelar aromas a marcas com a intenção de aumentar a memorização e fortalecer a habilidade do consumidor de, espontaneamente, lembrar-se de uma marca.

Sons: "Plink, plink fizz" instantaneamente nos lembra Alka-seltzer. A seguradora Direct Line tem um *jingle* patenteado, assim como a Intel. Os sons aumentam a marca por meio de um reconhecimento instantâneo dos consumidores e consumidores potenciais.

Ilustrações: A Pepsi tem um redemoinho vermelho e um azul com uma curva branca entre eles. Essa ilustração serve como logomarca. A ilustração verde e amarela da BP utiliza a mesma função de identificação. Nesses casos, nenhuma palavra é necessária – a ilustração confortavelmente identifica a marca. Outros exemplos de ilustrações incluem palavras em fontes específicas – como as das marcas de chocolate Cailler e After Eight. Outros exemplos seriam os cinco anéis Olímpicos, a representação em estilo *cartoon* do "coronel" Harland Sanders, uma cruz ou peixe como gráfico para ilustrar algo com uma ênfase cristã.

Embalagem: Uma das mais duras batalhas das embalagens é travada na indústria de perfumes, em que a embalagem é o maior comunicador da marca. Uma volta pelo setor de perfumes em uma loja de departamento é uma boa lição sobre apreciar as embalagens como o pilar central do *branding* – por favor, use-o. Os frascos da Chanel sempre serão "clássicos" e descomplicados, geralmente em cores neutras. A Givenchy será igualmente descomplicada, mas com o uso de cores fortes. Outras que querem parecer menos clássicas e mais inovadoras usarão formatos diferentes e inovações nas cores. Cada uma procura valorizar a marca por meio do uso eficaz das embalagens.

Extensões: Os equipamentos de terraplanagem da JCB são resistentes, rudes e duráveis e funcionam em ambientes hostis. O lançamento de uma variedade de roupas resistentes, rudes e duráveis para aqueles que trabalham em ambientes hostis é totalmente apropriado e valoriza a marca. Alguém poderia imaginar roupas leves e em tons rosa com a marca JCB em frágeis supermodelos – e isso iria destruir completamente a imagem da marca!

Grandes marcas em anos recentes

Pode ser um exercício interessante na busca do entendimento da estratégia de marcas considerar como elas estão se movendo. Considere as possíveis causas desses movimentos e faça a seguinte pergunta: "Se eu fosse responsável pela estratégia de marca, o que eu faria para valorizar essa marca?". Novamente, esse é um teste pessoal para aprendizado e busca tornar o pensamento estratégico um hábito para uma pessoa de negócios.

Por exemplo, o gráfico a seguir mostra apenas algumas das maiores marcas dos últimos anos. Observe a Coca-Cola como a constante número um. Pergunte-se: "O que eles estão fazendo para manter-se nessa posição?" e também perguntas negativas como: "Quais são as coisas que eu NÃO deveria fazer? O que eu poderia fazer que danificaria o valor da marca?". Um exemplo do que NÃO fazer pela Coca-Cola seria mudar os ingredientes ou o seu sabor – como eles ingenuamente tentaram fazer em 1985, com a "nova Coca". Foi um desastre e a empresa voltou à fórmula original quando os consumidores a rejeitaram.

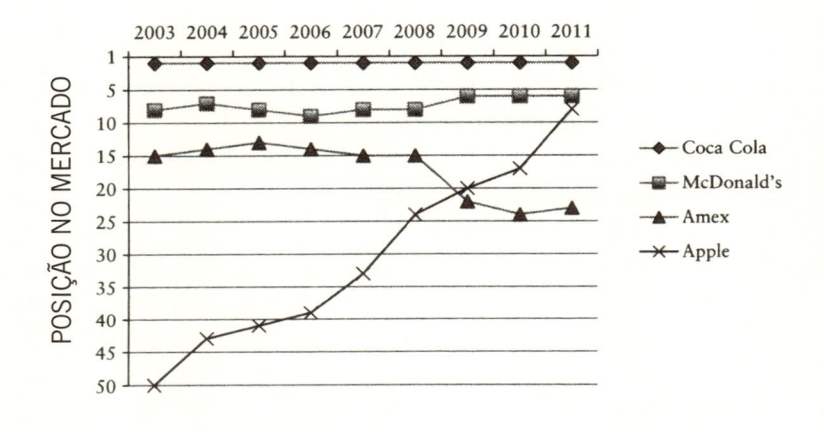

O McDonald's tem sido constante, a Amex foi derrubada com a crise financeira iniciada em 2008 e a Apple voou alto conforme o iPod, iPhone e o iPad trouxeram destaque e lucratividade.

Abaixo temos um gráfico que mostra algumas grandes marcas com um maior movimento em valor no mesmo período. Citigroup, como a Amex, tem sofrido desde a crise financeira de 2008.

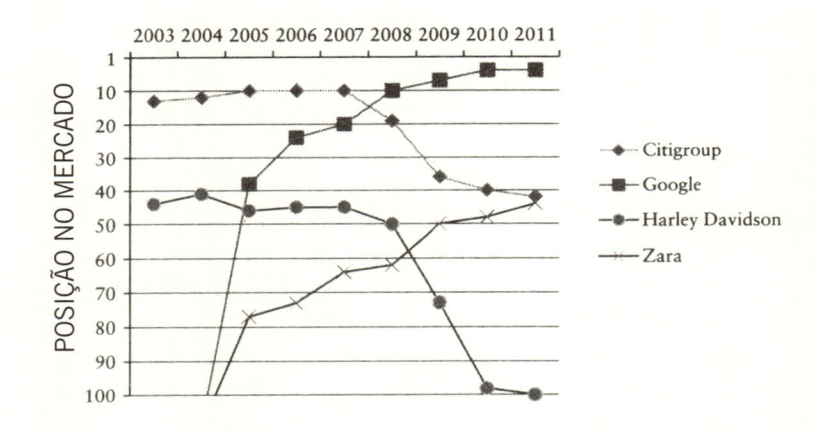

Google, Harley Davidson e a fabricante de roupas espanhola Zara estão enfrentando mudanças diferentes, mas dramáticas.

Novamente, como um exercício de pensamento estratégico, recorde os três elementos da avaliação da marca:
- histórico do desempenho financeiro recente;
- o papel da marca, ou a proporção da decisão de compra do consumidor que é atribuído à marca;
- a força da marca, ou sua habilidade de gerar ganhos financeiros futuros esperados.

Com a ajuda de uma pesquisa básica na internet, identifique o que aconteceu a cada um desses fatores, o efeito que você acha que pode ter tido e, ainda mais importante, o que você faria a seguir.

Recuperando-se de um desastre da marca

Os gráficos mostraram quedas para a Amex, Citigroup e Harley Davidson. Um declínio não é necessariamente um desastre já que uma boa estratégia pode evitar o desastre da marca e gerar uma recuperação subsequente. Alguns exemplos:

Skoda: a marca de veículos tcheca era um produto com pouca competição na Europa Oriental comunista e, com o colapso do comunismo levando a uma maior abertura dos mercados, tornou-se um estoque de risadas e fonte de piadas. A Volkswagen comprou 30% da empresa em 1991 – eles tinham adquirido o que muitos no *marketing* apelidaram de "marca do inferno". Investimentos, educação da força de trabalho e a tomada de controle total da empresa em 2011 foram uma tentativa de resgatar a marca e o primeiro carro com influência da VW foi lançado em 1998, o Octavia. A marca era respeitada na Europa Oriental, mas o consumidor da Europa Ocidental (especialmente os britânicos) ainda via a marca negativamente apesar da excelência técnica e das boas críticas que o Octavia havia recebido. As impressões sobre uma marca são difíceis de serem mudadas! Ela tinha uma grande consciência de marca, mas por todos os motivos errados. O próximo carro foi o Fabia, em 2000, para o qual o *marketing* parodiou a péssima reputação da Skoda com o *slogan* "você não vai acreditar que é um Skoda". Deu certo. Uma pesquisa de 1998 mostrou que mais de 60% das pessoas disseram que nunca comprariam um Skoda. Em 2000, essa porcentagem caiu para 40%; o Fabia estava vendendo e como um subproduto, as vendas do Octavia subiram e o que antes era impensável aconteceu – a Skoda tinha uma lista de espera de compradores – a marca estava recuperada!

Apple: a fabricante de computadores norte-americana estava perto da extinção nos anos 1990, com baixos índices de vendas e uma pequena fatia do mercado. O retorno de Steve Jobs com uma nova filosofia de negócio baseada em *design* de primeira linha, simplicidade de uso e uma inovação perpétua gerou uma ressureição da marca e em 2011 uma entrada no prestigioso *top* dez das maiores marcas globais.

Stella: esta era uma marca belga icônica com uma reputação pobre na Inglaterra devido a sua força ter uma conhecida propensão para levar seus consumidores à violência. Seu *slogan* de "reconfortante caro" inferia qualidade, mas era manchado por promoções caras. Em 2007, o *slogan* foi abandonado e uma cerveja mais fraca foi introduzida no mercado e, mais tarde, uma cidra.

Johnnie Walker: a marca de uísque escocesa estava em declínio e vista como um *drink* para homens velhos. Uma peça de *insight* excelente reverteu esse declínio – o *insight* de que pessoas bebem uísque porque elas se sentem bem-sucedidas. O uísque diz "consegui" ou "cheguei lá". A logomarca do "homem caminhando" era seguido pelo *slogan* "*keep walking*" e a marca estava então recuperada.

Guinness: é um clássico tipo de cerveja escura irlandesa com uma imensa história. No entanto, perto do final do século XX, também tinha uma reputação de bebida para homens velhos e estava em declínio. Uma campanha publicitária icônica, o uso do *slogan* "coisas boas vêm aqueles que esperam" e uma associação com o esporte em ascensão, o *rugby*, reavivaram a marca.

Burberry: é uma marca de roupas que mostra a falsa natureza da frequentemente citada frase "qualquer publicidade é boa publicidade". Inicialmente uma marca de alta qualidade, essencialmente britânica, a Burberry começou a ser popular com os *hooligans* ingleses nos anos 1980. Esse era totalmente o tipo errado de consumidor para a marca! Os anos 1990 viram a imagem da marca enfraquecer quando a Burberry e os produtos falsificados da marca tornaram-se populares entre os *chavs* (adolescentes de nível socioeconômico mais baixo). Isso foi agravado quando celebridades endossaram a marca – mas certo tipo de celebridade mais baixo do que o desejado para uma imagem de classe mais alta. A Burberry iniciou uma estratégia de alto nível baseada na publicidade usando o "tipo certo" de celebridade para endossar o produto e então, esse símbolo da classe alta britânica havia sido resgatado do proletariado.

Resumo

Uma marca tem o propósito de fazer a oferta ao consumidor, destacar-se e ser identificada. Ao fazer isso, visa aumentar a mensagem ao consumidor para gerar uma venda. Cada marca tem uma mensagem – a da Rolls Royce inclui ser cara, a da Ryanair inclui ser barata – e estabelece uma expectativa no consumidor sobre como será a experiência do produto.

Uma marca é um ativo valioso e métodos para aumentar seu valor ou sua eficácia em atingir seu propósito foram resumidos segundo os critérios usados pela empresa Interbrand. Enquanto há uma variedade de outras maneiras de fazê-lo, o método é conciso e tem uma boa visão global.

Estratégias de marca são esforços que buscam maximizar o benefício da marca e procuram atingir o mesmo objetivo – aumentar seu valor e eficácia. Tais estratégias devem ser coordenadas, ter longevidade e serem focadas, como em qualquer investimento de *marketing*.

Também observamos algumas marcas que cresceram acentuadamente, algumas que estão caindo e outras que têm caído, tentando se recuperar.

Perguntas

Podemos checar nosso entendimento do que cobrimos neste capítulo respondendo a estas perguntas de múltipla escolha e, depois, comparando nossas respostas com as que estão ao final do livro.

1. **Qual o propósito da marca?**
   a) Fazer o produto se destacar de outros ❑
   b) Aumentar a probabilidade de compra do consumidor ❑
   c) Identificar o produto como pertencente a um negócio em particular ❑
   d) Todas as anteriores ❑

2. **Qual das alternativas NÃO é um componente do valor da marca?**
   a) Desempenho financeiro recente da empresa proprietária da marca ❑
   b) Sensibilização – a proporção de pessoas que ouviram falar da marca ❑
   c) Proporção da decisão de compra do consumidor que é devida à marca ❑
   d) Habilidade da marca de gerar benefícios financeiros futuros ao negócio ❑

3. **O que significa o indicador de força da marca "comprometimento"?**
   a) Comprometimento do consumidor para continuar comprando a marca ❑
   b) Comprometimento do negócio à marca por meio de tempo e investimento ❑
   c) Comprometimento da empresa para continuar a marca ❑
   d) Comprometimento dos funcionários para entender os valores da marca ❑

4. **O que significa o indicador de força da marca "compreensão"?**
   a) Compreensão do cliente sobre os diferenciais da marca ❑
   b) Compreensão do negócio sobre a importância da marca ❑
   c) Compreensão da empresa sobre como alavancar a marca ❑
   d) Compreensão dos funcionários sobre a natureza e mensagem da marca ❑

5. **Uma marca de roupas é apropriada como extensão da marca da fabricante de marcas de terraplanagem JCB?**
   a) Sim, trabalhadores da construção usarão as roupas e irão se identificar com a JCB ❑
   b) Sim, a marca é sobre ser durão, estar ao ar livre e ser rude – esse tipo de roupa é apropriado ❑

c) Não, a marca de equipamentos de terraplanagem não deveria ser diluída por meio da entrada em novos mercados ❏
d) Não, as empresas devem continuar fazendo o que fazem melhor – no caso da JCB, fazer equipamentos para a indústria da construção ❏

6. Por que os valores de marca do Citigroup e da Amex caíram recentemente?
a) As empresas empregaram menos esforços para apoiar as marcas ❏
b) Em um futuro financeiro incerto, eles estão investindo menos em *marketing* de marca ❏
c) O resultado da crise financeira de 2008 reduziu o futuro de curto-prazo dos negócios ❏
d) Eles reduziram sua cobertura geográfica desde a crise econômica de 2008 ❏

7. Qual estratégia de *marketing* foi o catalisador que iniciou a recuperação da marca Skoda?
a) Uma melhora na qualidade dos veículos ❏
b) Publicidade que parodiava a péssima reputação anterior ❏
c) Fabricar na Europa Ocidental, em vez da Oriental ❏
d) Uma expansão nas vendas na Europa Ocidental ❏

8. Qual *insight* levou à recuperação da marca de uísque Johnny Walker?
a) As pessoas bebem uísque para celebrar seu sucesso ❏
b) O público-alvo de uísque é de homens de meia-idade ❏
c) As pessoas se identificam com a natureza escocesa da marca ❏
d) Sempre haverá mercado para um produto de alta qualidade ❏

9. Qual destas marcas perdeu valor nos últimos dez anos?
a) Harley Davidson ❏
b) Google ❏
c) Zara ❏
d) Apple ❏

10. O que manchou a marca Burberry?
a) Ela estava direcionada como uma marca de classe alta – e esse é um mercado muito pequeno ❏
b) Ela tornou-se popular entre alguns grupos que não se encaixavam na imagem da marca ❏
c) Uma falta de investimento na marca a retirou da proeminência ❏
d) A recessão reduziu o apelo de uma marca de roupas de alta qualidade ❏

SEXTA-FEIRA

Entendendo a estratégia competitiva

As empresas competitivas lutam com unhas e dentes até a morte pelo favor financeiro e patrocínio de seus consumidores. Qualquer estratégia que uma empresa iniciar e implementar pode dar a ela uma pequena vantagem, e ser o fator que fará a diferença entre sucesso e fracasso, entre a vida e a morte corporativa.

Nesse mundo de clareza e determinação, com atividades empresariais de apostas altas, a tentação é muitas vezes focar nas ações dos concorrentes. No entanto, isso é quase sempre um erro como foco primário. Para ser bem-sucedido nessa batalha dos negócios, o foco deve estar primeiramente não nos outros "jogadores" ativos no mercado, mas no cliente. O cliente decide o vencedor e o perdedor no mercado e, assim, ser bem-visto aos olhos do consumidor é integralmente a estratégia competitiva. Para fazer isso, a empresa sábia irá, sem dúvida, ter um olho atento no que os concorrentes estão fazendo – mas somente para buscar estar um passo a frente na opinião do consumidor, a vantagem de um passo.

Este capítulo dará um panorama pelo qual esse foco deve ser mantido e, assim, a estratégia competitiva ser construtivamente engrenada.

Mapeamento competitivo

Uma estrutura que tenho usado por anos para ponderar a visão do consumidor é o "mapeamento competitivo" (MC) (ver *Strategies od the Serengeti*, 2006) – ele teve um histórico de oferecer *insights* estratégicos e sobre o consumidor em uma variedade de indústrias e cenários competitivos em muitos países.

O primeiro estágio ao desenhar um mapa competitivo é considerar o mercado e os requerimentos de compra vistos da perspectiva do consumidor – e somente por ela. Há muitas circunstâncias em que executivos de negócios se apegam a opiniões, convencidos de que "é assim que os consumidores pensam", mas evidências empíricas afirmam outra coisa – quem está certo? Em todas as circunstâncias, a resposta certa é que a opinião do consumidor é a correta e muitos executivos não têm os melhores dos históricos em discernir o que os consumidores realmente pensam.

Lembro-me de uma série de discussões com uma empresa varejista inglesa que vende duas categorias diferentes de produtos – roupas e comida. Na época dessas discussões, eles estavam con-

---

* N.T.: As regras do Marquês de Queensberry deram início ao boxe moderno. Na cultura popular, o termo é utilizado para se referir a uma sensação de boa prática esportiva e jogo justo.

vencidos de que dois tipos de produto eram comprados pelos mesmos consumidores. Eu estava trabalhando para um fornecedor e estávamos convencidos de que duas ofertas de produto tinham diferentes grupos de compradores por meio da justaposição de um Diagrama de Venn. A diferença entre as opiniões era crítica. Se o varejista estivesse certo, as estratégias poderiam ligar os dois grupos de produto. Se nós estivéssemos certos, diferentes estratégias seriam necessárias para cada setor.

Em outra situação, também com um varejista inglês, pesquisas com consumidores mostraram que a percepção que eles tinham do consumidor era correta – mas somente no seu centro geográfico. Clientes fora do centro tinham uma perspectiva diferente, um conjunto de prioridades e lealdade diferentes. Se eles não tivessem percebido isso, estariam tratando todos os clientes como os clientes fiéis do seu centro geográfico – e ao fazer isso, interpretando mal a maioria dos clientes e sem dúvida falhando em reconhecer e atender aos desejos do grupo majoritário de consumidores.

Estágio 1 – identifique os problemas-chave do consumidor

O estágio 1 do MC é considerar os problemas-chave que o cliente potencial ou o cliente já existente veem como importantes. Estes podem ser múltiplos. Uma lista sem fim incluiria:

Produto – funcionalidade, características, facilidade de uso, desempenho, estética;

Preço/custo – compra inicial, manutenção, operação, cenário de desastre, substituição;

Disponibilidade – distribuição, conveniência, localização, velocidade, informação;

Pessoas – relacionamento, competência, reputação, conhecimento sobre o cliente, serviço;

Tecnologia – facilidade de uso, habilidade da interface, flexibilidade, sistemas/processos, longevidade;

Velocidade – de serviço, entrega, uso, economia de tempo, produtividade;

Precisão – confiança, coerência, sem erros, acertar de primeira vez, atemporal;

Imagem – qualidade, marca, associação, imagem imputada, percepção;

Serviços e suporte pós-venda – velocidade, atitude, conhecimento, função, solução de problemas;

Ofertas adicionais – serviço extra, alcance, compatibilidade, ofertas, complementaridade;

Responsabilidade ambiental e ética – política, poluição, mão de obra, conservação, práticas;

Risco – coerência, desvantagem, variabilidade, segurança, exposição;

Flexibilidade – adaptabilidade, expansibilidade, variabilidade, reatividade, velocidade de mudança;

Competência – alcance, geografia, habilidades, experiência, recursos.

Meu conselho é não escolher simplesmente um dos itens da lista, mas fazer a pergunta: "O que é verdadeiramente importante para o consumidor?" e só aí, tendo compilado uma lista a partir do seu conhecimento sobre ele, usar a lista como *check-list* para estabelecer se há aspectos que você negligenciou. Como uma dica, uma vez que passamos por 12 ou 15 áreas para considerar, o processo fica um pouco pesado, então recomendo ficar com esse número máximo.

Estágio 2 – *ranking*

Tendo determinado o que é de maior importância para o cliente, a segunda tarefa é classificar esses problemas-chave em ordem de prioridade para o consumidor. A prioridade do negócio não é, novamente, relevante. No mapeamento competitivo, somente consideramos o consumidor. Entender a prioridade de maneira errada pode levar a uma segmentação fraca de clientes e errar o alvo com uma oferta competitiva inferior.

Esse processo deve demonstrar que há diversos grupos de consumidores – diversos grupos de pessoas que escolhem comprar seu produto por diferentes razões. Um cliente que faz ração de cachorro identificou sete categorias de donos de cachorro, cada um com um motivo de compra diferente e um conjunto de prioridades diferentes em suas compras. Esses motivos de compra tendem a fluir do motivo central que é ter um cachorro. Nesse caso, a empresa de comida de cachorro precisa de sete análises de mapeamento competitivo para criar a melhor oferta ao consumidor do mercado. Eles podem então considerar um conjunto de estratégias coordenadas no mercado de comida de cachorro direcionando especificamente cada iniciativa para o grupo de consumidores particular para o qual seria atraente.

Por exemplo, um dos grupos era o de "substitutos de crianças". Este consumidor tinha um cachorro e o tratava como uma criança humana. Outro grupo era o de "segurança consciente", que tinha um cachorro com uma armadura dentária impressionante como um alarme contra ladrões. Seria natural imaginar que os dois grupos eram mutuamente exclusivos – o dono do tipo "substitutos de crianças" provavelmente tinha um cachorro pequeno, fofo ou de colo e o dono do grupo dos "segurança consciente" provavelmente tinha um monstro canino gigantesco.

O dono do tipo "substitutos de crianças" teria o bem-estar e felicidade de seu cachorro numa posição alta da lista – e então iria responder a iniciativas no mercado que tivessem isso como alvo – a comida de melhor qualidade, a que faz o pelo do animal brilhar, uma comida que é um deleite. Já o dono do tipo "segurança consciente" teria força, vigilância, boa forma e vitalidade como elementos desejáveis e então responderia, positivamente, a iniciativas que aumentassem esses atributos em seu cão. Uma pesquisa com donos do grupo "substitutos de crianças" mostra uma predominância de mulheres solteiras – então qualquer campanha publicitária, atividade promocional e até o *design* da embalagem deveria ter um cachorro pequeno e uma mulher para dar o sentimento de "igual a mim" ao consumidor e assim ser mais especificamente atraente. A mesma pesquisa mostra que os donos do grupo "segurança consciente" eram predominantemente de meia-idade mas poderiam ser homens ou mulheres, então alguém da mesma faixa etária deveria aparecer nas iniciativas de *marketing*. Outra categoria é a de "dono de um cachorro de família" – claramente o cão deveria ser mostrado em um contexto familiar para ser atraente.

Estágio 3 – autoanálise

Tendo determinado a ordem de prioridade dos problemas-chave do seu consumidor, marque, tão objetivamente quanto possível, onde seu negócio se posiciona. Se os problemas-chave estão listados do lado esquerdo e uma escala de "ruim a bom" está posicionada ao longo do topo, sua autoanálise deve parecer com esta:

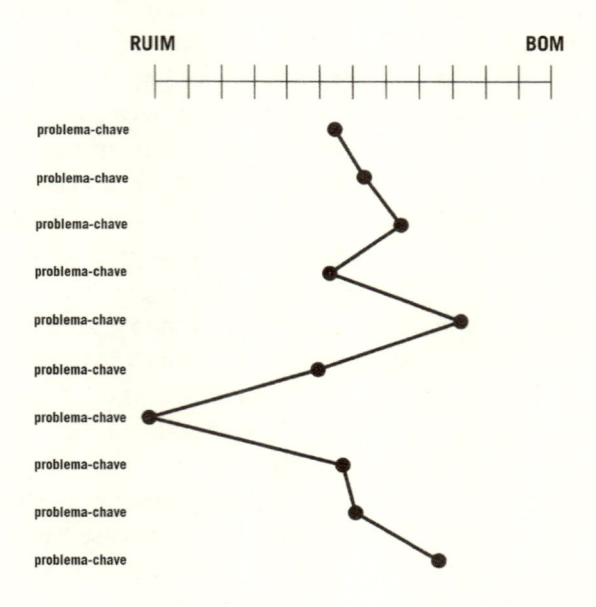

Estágio 4 – análise do(s) concorrente(s)

Tendo posicionado seu negócio, você deve agora posicionar seu(s) concorrente(s) na mesma escala. Novamente, é importante ser tão objetivo quanto possível com uma evidência empírica de apoio.

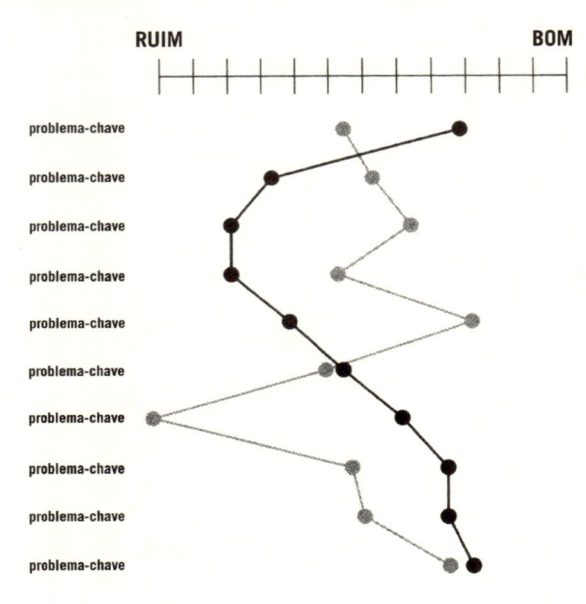

RUIM   BOM

- problema-chave
- problema-chave
- problema-chave
- problema-chave
- problema-chave
- problema-chave
- problema-chave
- problema-chave
- problema-chave
- problema-chave

Estágio 5 – movimentos do mercado

Como o seu mercado está mudando? O consumidor deve estar conduzindo uma mudança. Muitas análises estratégicas são estáticas e, portanto, já estão desatualizadas assim que são feitas. Para tornar isso mais dinâmico, os problemas-chave devem ser marcados com setas para indicar um reposicionamento em andamento. Por exemplo, no mercado de *fast food*, a saúde era uma preocupação negligenciada. Depois do filme *Super Size Me*[*] e a epidemia de obesidade ocidental, a indústria de *fast food* está tendo que responder a um aumento na importância e, portanto, uma maior priorização no mapeamento competitivo do fator "saúde".

---

[*] N.T.: *Super Size Me* – a dieta do palhaço, documentário norte-americano dirigido por Morgan Spurlock.

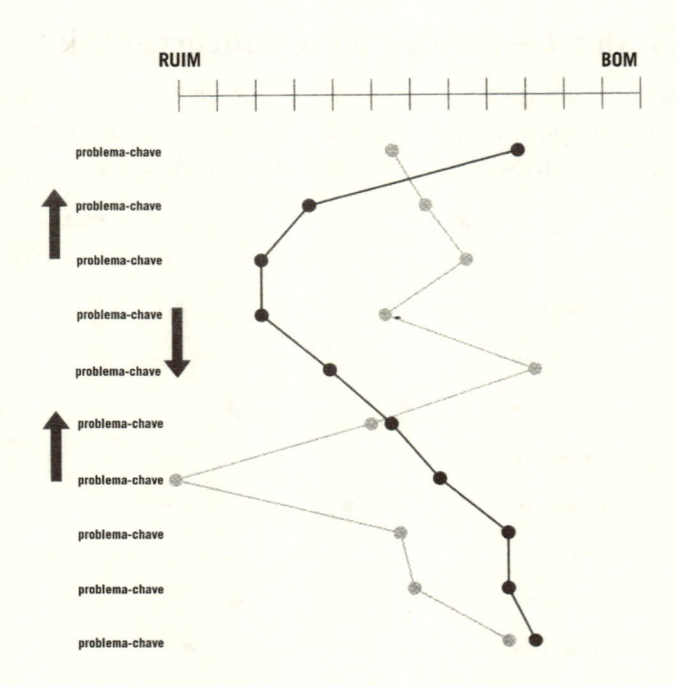

Estágio 6 – considere as opções

Uma vez que o cenário competitivo está mapeado, uma variedade de opções emerge:

- continuar fazendo o que fazemos;
- recuperar o atraso em uma área em que os concorrentes estão à frente;
- escolher não recuperar o atraso onde o concorrente está à frente e procurar mudar o foco para qualquer mercado que esteja longe dessa área;
- ativamente procurar avançar – essa opção pode ser implementada quando estamos à frente, na mesma posição ou atrás de um concorrente;
- construir barreiras onde o concorrente está atrás;
- procurar agressivamente alvejar o competidor arrastando-o

para trás – isso pode ser quando estamos à frente, na mesma posição ou atrás;
- escolher não fazer nada a não ser manter um olho atento ao concorrente e reavaliar se sua posição muda;
- manter um olho nos problemas-chave do mercado, estabelecer quais estão se movimentando para cima e para baixo. Manter um olho em seus concorrentes e continuamente avaliar em quais problemas-chave eles estão focando suas estratégias.

Estágio 7 – escolha e implemente

A análise de mapeamento competitivo deve gerar decisões e ações. A análise sem uma ação resultante é inútil, a ação sem análise é tola. A missão da análise é nos ajudar a fazer julgamentos fundamentados e inspirar uma melhor tomada de decisão em nossa arena competitiva, com o objetivo de ser o fornecedor que melhor combina e atende os problemas-chave do consumidor.

Exemplo ilustrativo

Para ilustrar, vamos considerar um cenário competitivo no mercado varejista de *fast food* entre mapeamento competitivo – não uma declaração definitiva da posição competitiva dessas duas empresas, apenas uma estimativa para exemplificação.

Problemas para compradores potenciais podem incluir: velocidade do serviço, preço, frescor do produto, salubridade da comida, a escolha da comida disponível, localização da loja, coerência do produto em diferentes situações de compra, capacidade de personalização da compra por meio de opções.

Classifique os "problemas"

Tendo identificado as questões importantes para o consumidor, a próxima tarefa é classificá-las. Como mencionado anteriormente, é importante ter tempo para entender como uma classificação diferente pode levar a uma estratégia competitiva diferente. Lembre-se de que para diferentes grupos de consumidores os problemas podem ser parecidos, mas a classificação é diferente. Seria importante reconhecer isso e criar um mapa competitivo para cada grupo de consumidores do que tentar simplificar demais a posição com uma compactação de várias pessoas, ou grupos de consumidores, em uma lista artificial e homogênea.

No entanto, para uma simplicidade ilustrativa, teremos só uma análise de mapeamento competitivo.

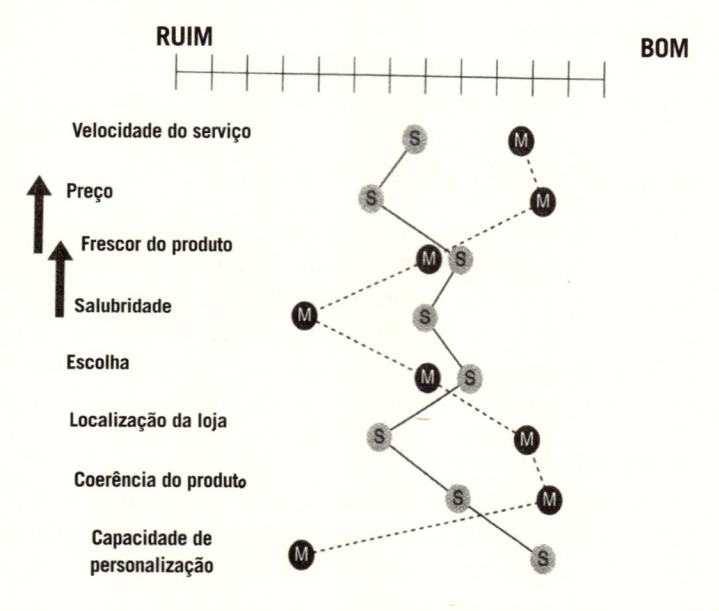

RUIM ———————————————— **BOM**

- Velocidade do serviço
- Preço
- Frescor do produto
- Salubridade
- Escolha
- Localização da loja
- Coerência do produto
- Capacidade de personalização

> Em nosso exemplo, coloque-se no lugar dos tomadores de decisão do McDonald's e então se coloque no lugar dos tomadores de decisão do Subway – em cada caso, baseado nessa análise, o que você escolheria fazer?
> Compare suas decisões com o que está realmente acontecendo com esses dois excelentes competidores.

Por exemplo, atualmente vemos o McDonald's tomando uma série de iniciativas para parecer mais saudável e mitigar a publicidade negativa de assuntos como no filme *Super Size Me* ou o caso legal "McLibel"*, na Inglaterra, além de tentar amenizar as preocu-

---

* N.T.: Caso McLibel: caso jurídico britânico "McDonald's Corporation versus Steel & Morris (1997)", em que o McDonald's processou a Steel & Morris por distribuir literatura anti McDonald's. O caso durou dez anos, tornando-se o caso mais longo da história jurídica britânica.

pações com a obesidade. Eles estão tomando uma série de iniciativas ambientais para se apresentarem como um negócio global responsável e estão ativamente associando-se a buscas saudáveis. Uma pequena lista de algumas de suas atividades inclui:

- substituir embalagens de poliestireno por embalagens de papel reciclado;
- anunciar a tabela de calorias dos produtos;
- usar veículos que utilizam um combustível amigo do meio ambiente, o biodiesel;
- restringir a persuasão de vendas (presunçosamente perguntar "você gostaria do tamanho grande?" quando um cliente somente pede por batatas-fritas sem especificar o tamanho).
- mudar a decoração interna de um vermelho "plástico" para tons de verde mais parecidos com o meio-ambiente;
- usar café e leite cultivados organicamente, além de produtos locais;
- trabalhar com o grupo de protesto Greenpeace para assegurar que a soja proveniente do Brasil venha de fontes que não danificam o meio-ambiente;
- patrocinar iniciativas esportivas.

Escolhendo considerar essa análise de mapeamento competitivo simplificada e chegar a suas próprias conclusões, você deu o primeiro passo para realmente fazê-lo! O exercício de produzir uma análise de mapeamento competitivo para qualquer mercado que você escolher observar e então refletir sobre quais ações você consideraria a partir da sua análise é um excelente hábito em direção a tornar o pensamento estratégico um aspecto da vida real, e não um mero exercício acadêmico. É essa competência que vamos considerar no capítulo final como parte de uma rota para ajudá-lo a ser um forte pensador estratégico e, assim, um ativo valioso em qualquer empresa para a qual você trabalhar.

Resumo

A estratégia competitiva é sobre procurar ganhar uma vantagem para seu produto ou empresa aos olhos daqueles que importam – os consumidores. Uma ferramenta simples para ajudar com esse aspecto vital é o mapeamento competitivo (MC) que:

- considera os fatores que o consumidor e o consumidor potencial veem como importantes;
- classifica-os em ordem de importância;
- posiciona seu(s) negócio(s);
- identifica mudanças no mercado;
- considera as opções para a ação;
- conduz uma escolha para implementação estratégica.

Há diversas ferramentas analíticas complexas disponíveis e o MC deve ser visto como um complemento e não um substituto para muitas delas. No entanto, ela é uma ferramenta rápida, facilmente compreensível e também identifica rapidamente falhas de conhecimento onde somos ignorantes às opiniões do consumidor.

Praticar o preenchimento de mapeamentos competitivos e então usar as análises para gerar opções para consideração é rápido, fácil de fazer e um bom passo em direção a tornar o pensamento estratégico um hábito pessoal.

Perguntas

Podemos checar nosso entendimento do que cobrimos neste capítulo respondendo a estas perguntas de múltipla escolha e, depois, comparando nossas respostas com as que estão ao final do livro.

1. **O mapeamento competitivo considera a opinião de quem?**
   a) Somente do consumidor (e/ou do consumidor potencial) ❏
   b) Uma combinação de diversos conjuntos/categorias de consumidores ❏
   c) A gestão do negócio ❏
   d) O mercado em geral ❏

2. **Como você deve identificar os problemas-chave?**
   a) Selecionando-os a partir do modelo oferecido ❏
   b) Considerando em que seu negócio é focado ❏
   c) Colocando-se no lugar dos consumidores e identificando o que eles pensam ❏
   d) Determinando o que o corpo diretivo do negócio acha que é mais importante ❏

3. **Que fatores você deve considerar com os problemas-chave?**
   a) Equilibrando-os entre aspectos internos e externos ❏
   b) Equilibrando-os entre opinião gerencial e a opinião dos clientes ❏
   c) O quão importante eles são para o consumidor ❏
   d) Sua capacidade de mudá-los ❏

4. **O que você faria se sua identificação dos problemas-chave identificasse diversas categorias diferentes de tipos de consumidores?**
   a) Misturaria todos para gerar estratégias gerenciáveis ❏
   b) Conduziria um MC separado para cada grupo ❏
   c) O MC não pode ser usado nessas circunstâncias ❏
   d) Selecionaria a categoria mais importante de consumidor para sua análise ❏

5. **Tendo identificado os problemas-chave – o que vem a seguir?**
   a) Classificar os problemas-chave de acordo com o que é mais importante ao consumidor ❑
   b) Classificar os problemas de acordo com sua capacidade de afetá-los ❑
   c) Comparar os problemas-chave com o que a equipe de gestão pensa ❑
   d) Identificar as estratégias que você tem visando cada um ❑

6. **Ao posicionar sua empresa e o concorrente, qual a melhor prática?**
   a) Usar a intuição e posicionar-se rapidamente – isso é geralmente o mais preciso ❑
   b) Usar dados objetivos sempre que possível, fazer previsões quando não houver ❑
   c) Usar dados objetivos onde possível, identificar e preencher as falhas de conhecimento onde possível ❑
   d) Somente agir quando você tiver dados incontestáveis para cada problema-chave ❑

7. **O que indica posicionar uma seta apontada para cima contra um problema-chave?**
   a) É de suma importância ou de maior prioridade para a empresa ❑
   b) O mercado está mudando e a importância desse problema está crescendo ❑
   c) A empresa está procurando estratégias para aumentar a importância desse problema-chave ❑
   d) Concorrentes estão focando suas estratégias nessa área ❑

8. **Se sua posição é ATRÁS do seu concorrente, qual dessas estratégias NÃO é uma opção viável?**
   a) Desenvolver estratégias para avançar e atualizar-se ❑
   b) Desenvolver estratégias para arrastar o competidor para trás ❑
   c) Desenvolver estratégias para mudar o mercado, minimizando essa fraqueza ❑
   d) Desenvolver estratégias para focar em suas forças e ignorar essa fraqueza ❑

9. Se sua posição é À FRENTE do seu concorrente, qual dessas estratégias NÃO é uma opção viável?
a) Estabelecer-se mais à frente e aumentar sua vantagem competitiva ❑
b) Sentar e relaxar – você está ganhando! ❑
c) Procurar construir uma barreira – algo que impeça seu concorrente de alcançá-lo ❑
d) Divulgar a diferença, tornando o consumidor ciente da sua superioridade na área ❑

10. Do nosso exemplo ilustrativo de *fast food* – qual seria a opção menos inteligente para o McDonald's?
a) Permitir que os clientes personalizassem seu hambúrguer (por exemplo, menos ou mais molho) ❑
b) Manter-se focado no preço – sendo o líder de preço no mercado ❑
c) Continuar desenvolvendo novas estratégias e processos para oferecer um serviço ainda mais rápido ❑
d) Desenvolver opções mais saudáveis ❑

SÁBADO

Mantendo a estratégia

Nesse momento, você já teve seis dias de aprendizado sobre diferentes aspectos da estratégia. Tudo isso é importante e é vital ver estratégia em todos os lugares – interna, externa, de *marketing*, de marca e competitiva – em vez de ser levado para um desvio que só considera um desses aspectos. Para a eficiência nos negócios, esses elementos diversos precisam trabalhar juntos. Ter estratégias internas que não estão alinhadas com as externas, ou pior, em conflito com elas, é loucura – mas infelizmente muitas empresas têm essas coisas. Ter estratégias de marca que não estão alinhadas com suas estratégias competitivas é inútil e até destrutivo – ilustramos isso com alguns exemplos, e poderíamos ter usado muito mais. Uma estratégia holística une todos esses aspectos para o sucesso de qualquer empresa – voltada ao lucro, do setor público, beneficência ou organizações voluntárias – todas deveriam abraçar uma abordagem estratégica holística com todos esses aspectos combinando-se eficazmente.

Para o sétimo dia de estratégia, podemos considerar um sétimo aspecto. No entanto, todo bom aprendizado requer revisão, consolidação e ação prática para avançar. Este capítulo final irá então rever os pontos dos capítulos anteriores, focando na ação em andamento que recomendamos a você para desenvolver e aumentar a prática de um bom pensamento estratégico.

Domingo - Entenda o que a estratégia é e o que ela não é

No capítulo de domingo, exploramos alguns mitos da estratégia, consideramos a analogia de viagem, que às vezes é útil apesar de muito simplista e, então, os cinco Ps da estratégia de Henry Mintzberg.

Pode haver muitas aplicações para cada leitor levar esse conhecimento para dentro de suas vidas empresariais nesse capítulo. Primeiramente, os mitos:

- a estratégia não é militar;
- a estratégia não é só para os superinteligentes;
- a estratégia não é só para a alta diretoria;
- a estratégia não é um grande documento.

Seria, provavelmente, insensato criticar diretamente aqueles que exibem esses mitos em seu comportamento. No entanto, seria inteligente entender as limitações de cada mito e trabalhar para erradicá-los quando são observados. Por exemplo, quando gerentes médios olham com adoração para o conselho sênior esperando que uma estratégia caia do céu, não espere que ela caia (ela raramente cai) – trabalhe nos 80% que você poderia facilmente começar a trabalhar já que sabe muito do que deveria estar fazendo e almejando. Agindo, em vez de esperar pelo que raramente cai do céu, você não cairá na armadilha da paralisia estratégica em que nenhum pensamento estratégico é desenvolvido devido ao fato dos gerentes médios abdicarem de toda a responsabilidade para o conselho. O conselho tem responsabilidade estratégica para com a organização, mas isso não deveria impedir cada setor da empresa de ser capaz de desenvolver estratégicas implementáveis e bem pensadas para suas áreas de responsabilidade. Parte da responsabilidade do conselho é assegurar que isso seja combinado com eficiência e seja coordenado – e não ditá-las.

Ação 1

Siga em frente – comece a considerar a estratégia agora.
Para muitas empresas que consideram a estratégia como um grande documento: entenda as limitações de tal documento – pode tornar-se um limitador do progresso em vez de um facilitador (lembre-se dos exemplos dados neste livro), pode tornar sua estratégia estática, gravada na pedra e, assim, incapaz de agir e reagir conforme o mercado, a competitividade e o negócio mudam.

Ação 2

Esteja atento, identifique e trabalhe para desafiar positivamente as limitações em sua empresa, como usar um plano estratégico como uma arma limitadora, estática e estagnada.

Com frequência, um critério de sucesso empresarial é a capacidade de se adaptar em resposta às mudanças. A alternativa é a estratégia dos dinossauros! Um dos exemplos usados no capítulo de domingo foi a inabilidade da empresa Hoover de resposta ao aspirador de pó sem saco da James Dyson:

Notadamente cansado da inabilidade de seu aspirador de pó de reter uma sucção adequada, o inventor James Dyson criou a ação centrífuga da máquina que tem seu nome e lhe trouxe fortuna.

Dyson criou 5.127 protótipos em pouco mais de cinco anos, desde sua primeira tentativa em 1978. Finalmente, ele tinha seu produto. Ele então passou os próximos dois anos procurando um fabricante que estivesse interessado. Tendo viajado pela Europa, ele não foi bem-sucedido. O fato de que o mercado de sacos de reposição valia mais de 100 milhões de libras somente no Reino Unido era provavelmente um fator que contribuía para isso e como afirma maldosamente o site Dyson.com:

... o Vice-presidente da Hoover para a Europa, Mike Rutter, disse na televisão nacional do Reino Unido: "Eu me arrependo que a Hoover, como uma empresa, não eliminou a tecnologia de produto de Dyson; ela teria permanecido na prateleira e nunca teria sido usada"...

Depois da completa rejeição, James Dyson decidiu avançar e fabricar o produto ele mesmo. Em dois anos, era o aspirador de pó mais vendido do Reino Unido e depois obteve um sucesso internacional.

A estratégia de Dyson surgiu de seu fracasso de alinhar parceiros a suas estratégias existentes de vender (para a Hoover) ou persuadir qualquer fabricante a fazer seu produto. Sua estratégia não era gravada na pedra – moveu-se rapidamente – seja na produção de protótipos ou no fracasso depois de fracasso para desenvolver uma rota para fabricar o produto.

Em contraste, a estratégia da Hoover era focar em seus lucros oriundos dos sacos para aspiradores de pó e falharam em ver a ameaça do novo concorrente potencial. Eles falharam em se mover rápido o suficiente e sua perspectiva de mercado era imperfeita. Eles poderiam ter feito um exercício de mapeamento competitivo (visto no capítulo de sexta-feira) e terem visto o potencial ou poderiam ter sido tão fechados em sua perspectiva do mercado que eram incapazes de olhar além de seus próprios preconceitos.

Perspectiva era um dos cinco Ps de Henry Mintzberg. A segunda aplicação do capítulo seria entender os cinco Ps:

- plano – um conjunto intencional de ações;
- padrão – um comportamento coerente;
- posição – a localização dos produtos em um mercado;
- perspectiva – uma visão, opinião ou postura;
- pretexto – uma manobra.

Nosso aprendizado aqui era entender que as pessoas usam a palavra "estratégia" para dizer todos os cinco Ps – e estão certas em fazê-lo. Nosso desafio é ser "fluente" em ser capaz de falar todos esses cinco aspectos da estratégia. Em vez de vê-los como uma confusão de definições concorrentes, considere-os como igualmente corretos, mas como diferentes visões da estratégia.

Além disso, a capacidade de mover-se de um para outro pode levar as discussões e o pensamento estratégico para direções diferentes, desafiadoras e mais úteis. Por exemplo, se você estivesse na Hoover no começo dos anos 1980 e estivesse discutindo o "plano" de negócios, você poderia ter a capacidade de mudar a conversa para "perspectiva", desafiado a norma estabelecida, considerado como o aspirador doméstico poderia ser visto de forma diferente e então possivelmente ter encarado a ameaça potencial de Dyson mais seriamente.

> **Ação 3**
> Entenda todos os cinco Ps conceitualmente e em seu próprio negócio. Analise seu plano de negócios, padrão, posição. Seja capaz de mover a conversa de um para o outro para ganhar um ângulo diferente e um diferente potencial.

Segunda-feira - Entenda o que motiva a estratégia e o que a estratégia motiva

No capítulo de segunda-feira, consideramos o modelo de "escada do sucesso empresarial" como uma estrutura para uma estratégia holística. Ela tinha:

- degraus que asseguravam um fluxo perfeito da visão organizacional para o que acontecia realmente no dia a dia;
- um primeiro degrau e um ponto de partida – para qualquer negócio, essa é a visão, o que estamos aqui para fazer;
- uma viga esquerda que considera a estratégia "externa", fatores externos ao negócio – concorrentes, clientes, clientes potenciais e até, quando relevante, outras partes interessadas, como governos, grupos de pressão e funcionários da administração fiscal;
- uma viga direita que considera a estratégia "interna" – aspectos sobre os quais temos controle e precisamos assegurar que cumpram seu propósito principal, que é facilitar a implementação bem-sucedida da estratégia, para atingir as metas e para fazer da visão uma realidade.

Observações sobre escadas incluem perceber que os degraus são conectados às duas vigas e que as vigas estão apontando na mesma direção. Em sua organização o modelo deve ser igual. Isso será quase certamente prejudicial para seu negócio se há qualquer desconexão em qualquer área desse modelo ou se algum degrau está faltando. Eu digo "quase", mas nunca encontrei, em qualquer negócio ou continente, uma falta de conexão entre degraus ou uma falta de alinhamento nas vigas ou um degrau faltando (o que significa que a visão é falha em gerar ação) que seja um fator positivo.

Ação 4

Construa uma "escada do sucesso empresarial" para sua empresa. Ao fazer isso, você estará aumentando sua capacidade de pensamento estratégico, fazendo conexões entre atividades do negócio e possivelmente identificando algumas áreas que ainda não estão funcionando corretamente e que requerem atenção e ação.

1. Comece com a visão – sua empresa existe para fazer o quê?
2. Suba os degraus.
   Quais são suas metas (veja as cinco metas sugeridas no capítulo de segunda-feira)?
   Quais estratégias você atualmente deve procurar para atingir essas metas?
   Quais áreas das metas parecem ter nenhuma estratégia atrelada?
   Táticas – essas estratégias estão divididas em tamanhos apropriados e pedaços de tempo apropriados?
   Ações – essas estratégias estão sendo demonstradas na atividade cotidiana do negócio?
3. Desenvolva a viga esquerda.
   Quem são os *stakeholders* relevantes ou partes interessadas?
   Qual é a sua mensagem para eles?
   Você pode ver essa mensagem sendo motivada por sua estratégia ou há algum elemento dela desconectado dos degraus?
   Há algo mais que possa acontecer para a estratégia motivar a vida externa (esquerda) das estratégias competitivas, de consumidor e externas?
4. Desenvolva a viga direita.
   Considere sua estrutura, cultura, valores organizacionais – eles existem como aspectos separados da organização ou são facilitadores integrais para a implementação bem-sucedida da sua estratégia?
   Identifique onde eles são eficazes nisso, seu papel principal, e onde não estão cumprindo essa função.
   Identifique a razão, nesse caso. Em muitos negócios, simplesmente os executivos nunca pensaram que essas são partes da estratégia holística e facilitadores estratégicos.
   Considere outros "fatores internos" – "este é o jeito das coisas por aqui" – possivelmente usando os alicerces do capítulo de quinta-feira.

Depois de montar a "escada do sucesso empresarial", seria válido considerar cada aspecto para determinar onde você está operando com eficiência em seu negócio, onde está operando de forma não tão eficiente e onde as conexões simplesmente não existem.

> **Ação 5**
> Tendo identificado os aspectos positivos e negativos da operação do seu negócio com a ajuda dessa ferramenta, identifique ações centrais necessárias, considere a quem e como comunicá-las. Um chefe muito sábio que tive disse: "Posso ter centenas de pessoas que podem me dizer o que está errado. Quero que você seja a pessoa a me dizer o que fazer sobre isso".

Terça-feira – Entendendo a estratégia interna

No capítulo de terça-feira, consideramos os "alicerces do negócio". Estes são essencialmente um formato para pensar em uma série de elementos contidos no lado direito (interno) da "escada do sucesso empresarial". Eles não são uma consideração exaustiva dessa viga direita, já que aspectos como estrutura, cultura e valores organizacionais não são mencionados, mas são elementos vitais do "sucesso da viga direita".

O modelo de "alicerces do negócio" pode ser usado de três formas principais:

- o *benchmark*;
- o plano de ação;
- o modelo de excelência.

Cada um dos três tem valor. Eu vi cada um deles dar frutos em diferentes empresas e irei explicar brevemente o pensamento por trás de cada abordagem.

O *benchmark*

Para cada um dos sete alicerces, considere quais empresas exibem excelência em cada um deles. Considere o que eles fazem e como fazem. E considere o que você teria que fazer na sua indústria, negócio ou situação para aprender com eles e aumentar sua eficiência naquele alicerce.

Isso é o que considero que o *benchmark* deva ser – olhar para quem é excelente em alguma coisa e imitá-lo. Em muitas empresas o *benchmark* meramente nos compara com outros que fazem o mesmo tipo de coisa e determina se estamos marginalmente acima da média! Acho isso um desperdício de esforços quando poderíamos considerar outras indústrias, outras abordagens e aprender lições com cada uma, para o melhor.

O plano de ação

O uso dos alicerces é uma aplicação da "analogia de viagem" do capítulo de segunda-feira. Como parte de uma estratégia para desenvolver os aspectos internos do negócio, considere cada um dos alicerces. Isso torna a análise dos aspectos internos de seu negócio mais gerenciável, quebrando-os em pequenos pedaços. Para cada alicerce, siga a seguinte analogia de viagem:

- Onde estamos? – uma avaliação realista de nossa posição atual para cada alicerce.
- Onde queremos chegar? – uma declaração de seu destino para cada alicerce.
- Desenvolvimento de estratégias para nos levar da situação atual ao destino.
- Pontos de parada – o que você vai fazer e quando? Metas e ações a curto, médio e longo prazo.

Obviamente, a analogia de viagem tem questões altamente adaptáveis e enquanto essas quatro são resumos, pode haver muitas subquestões que você precisa analisar para cada uma delas.

O modelo de excelência

Essa abordagem considera os requisitos para o sucesso em sua indústria e em seu ambiente. Considere, para cada alicerce, o que é preciso para um sucesso "*top* de linha" em sua indústria ou posição. Uma dica valiosa aqui é não ser influenciado pelas coisas que já existem ou pelo que você já faz – *top* de linha para aspiradores de pó é sobre uma operação livre de problemas pelo consumidor e casas limpas, não sobre trocar sacos! Tenha foco no que é "ideal" e então considere a lacuna entre o ideal e a realidade – nenhuma boa ideia foi criada por alguém que aceita ou está satisfeito com o *status quo*.

Ação 6

Escolha quais dessas três abordagens seria mais útil para você e faça uma análise dos "alicerces do negócio" para sua empresa. Responda às seguintes perguntas incômodas:
- Onde somos fortes e onde somos fracos?
- Quais vulnerabilidades que quaisquer fraquezas nos trazem?
- Cada alicerce está fortemente focado no consumidor?
- Quais ações empresariais são necessárias?

Quarta-feira – Entendendo a estratégia de marketing

No capítulo de quarta-feira, vimos que não há uma definição universalmente aceita para o *marketing*, mas introduzimos o "funil do *marke-*

ting" como um guia para entender sua estratégia. Um dos mais importantes fatores era entender que, enquanto o *marketing* é mais uma arte do que uma ciência, é vital ter objetivos claros de resultados finais para cada iniciativa de *marketing*. Estas devem ter uma ligação clara com os "degraus" da "escada do sucesso empresarial" porque o *marketing*, como qualquer outra função, procura implementar as estratégias empresariais, que procuram atingir as metas que, por sua vez, procuram tornar a visão uma realidade. Estratégias de *marketing* são uma parte integral da viga esquerda da escada (externa). O capítulo de quarta-feira nos ajuda a identificar esses objetivos claros e a assegurar que eles sejam construídos na escada, para obter um sucesso estratégico.

Ação 7
Identifique quantas iniciativas de *marketing* seu negócio está atualmente realizando. Identifique a(s) parte(s) do funil na(s) qual(is) elas estão pretendendo fazer um impacto. Descubra seus objetivos específicos e entenda como elas estão pretendendo alcançá-los.

Ação 8
Faça considerações similares para iniciativas de *marketing* que você vê em outras empresas. Ande com os "olhos abertos" – veja iniciativas de *marketing* em outras empresas, em particular aquelas de diferentes indústrias; e então faça uma avaliação de seus objetivos, intenções e onde no funil de *marketing* eles estão procurando influenciar.

Como afirmamos no capítulo anterior sobre estratégia competitiva, o hábito de observar as ações dos outros, analisá-los, esboçar conclusões e então questionar o que você poderia ter feito diferente se fosse uma decisão sua, é um hábito excelente para desenvolver uma melhor atitude no pensamento estratégico. Uma boa competência de pensamento estratégico é um diferencial nos negócios e vale o investimento de tempo e energia. Uma vez, estava trabalhando com alguns altos diretores de uma empresa bem conhecida. Eles comandavam departamentos e equipes de pequenos países, que tinham o potencial para crescerem. Estávamos considerando o pensamento estratégico. Eu pedi suas observações sobre o que estava acontecendo no McDonald's, de um jeito parecido, mas mais detalhado do que nossa exploração dessa empresa no capítulo anterior. Uma pessoa não tinha absolutamente nenhuma ideia já que ele nunca comia no McDonald's e ficou chocado que eu esperasse que ele conhecesse um negócio que ele nunca frequentava. Na discussão, veio à tona que ele passava por duas lojas do McDonald's no caminho para o trabalho e pelas mesmas duas no caminho de volta para casa, mas como ele estava com fones de ouvido, ele se desligou de todo pensamento útil e estava meramente ouvindo música. Uma de suas aplicações de transformação em nosso tempo junto era abrir seus olhos! Ele decidiu andar para o trabalho observando a estratégia e só usava seu tocador de mp3 para "desligar a mente" no caminho para casa, quando estava cansado. Eu recomendaria essa abordagem – envolver seu cérebro para pensar a estratégia em cada oportunidade.

No mesmo grupo havia um cavalheiro que ia à academia três vezes por semana, novamente, usando um tocador de mp3 para "desligar" da monotonia do exercício. Ele também começou a "ligar" por pelo menos uma das três visitas semanais à academia para mentalmente ponderar algo com consequências estratégicas que ele tinha observado durante a semana anterior – outro ótimo uso do tempo – o corpo e a mente se exercitando juntos!

Quinta-feira - Entendendo estratégia de marca

Novamente, vimos que não há uma definição clara de marca no capítulo de quinta-feira sobre estratégias de marca, mas afirmamos que a marca existe para identificar a propriedade de um produto e para fazê-lo se destacar. Estratégias de marca são só um aspecto das estratégias de *marketing*, mas suficientemente importantes para ter um capítulo separado para um melhor entendimento. Como parte das estratégias de *marketing*, elas também se situam na viga esquerda da "escada do sucesso empresarial".

Usamos o panorama de critérios da Interbrand para avaliação de uma marca para considerar a gama de ações – estratégicas, táticas e operacionais – por meio das quais os negócios podem agregar valor ou por meio de ações destruir valor em suas marcas. Os critérios da Interbrand são:

1. desempenho financeiro recente – um foco no passado.
2. o papel da marca – o impacto que ela tem numa decisão de compra – um foco no presente.
3. a força da marca – a capacidade da marca gerar receitas futuras – um foco no futuro.

Como só podemos afetar o futuro, não o passado, focamos nos dez fatores orientados para o futuro que a Interbrand mensura para determinar a "força da marca".

Ação 9
Faça uma anotação dos dez critérios usados pela Interbrand. Baseado na ação oito, quando o que você está observando se relaciona com uma marca, identifique qual dos critérios a estratégia está procurando influenciar. Avalie criticamente e pergunte: "o que eu teria feito"?

Sexta-feira - Entendendo a estratégia competitiva

No capítulo de sexta-feira, usamos o mapeamento competitivo como um processo e estrutura para entender algumas opções disponíveis em um mercado competitivo. O processo de sete estágios nos levou por um processo para rapidamente estabelecer uma posição competitiva, forças e fraquezas relativas, uma análise da ameaça competitiva e para identificar ações em potencial.

Vimos o MC em teoria, depois um MC simplificado do exemplo de uma empresa de *fast food*. A ação óbvia é:

Ação 10

Faça um MC para seu negócio e um de seus concorrentes, o mais ameaçador. Diversas possibilidades podem emergir:

- A análise do MC muda sua perspectiva sobre como o consumidor pensa ou até como ele é (você pode ter diversas categorias de clientes)?
- Seu negócio está bem posicionado para servir e mirar o consumidor?
- Quais são suas fraquezas e forças; e as de seu concorrente?
- Quem está mais bem posicionado para levar vantagem das mudanças que você está vendo ou pode prever no mercado?
- Quais são algumas das opções possíveis para você melhorar sua posição competitiva?
- Quais dos cinco Ps se relacionam com essas opções?
- Essas opções são congruentes com o resto da sua "escada do sucesso"?

Resumo

Um bom pensamento estratégico tem um bom entendimento e domínio de problemas como pré-requisito. Esses capítulos devem ter dado a você uma chance de ponderar tais relevantes problemas e uma série de abordagens e modelos para facilitar isso. No entanto, mera consideração não é suficiente. A estratégia é sobre ação, não mera deliberação acadêmica.

Esse capítulo final sugeriu dez pontos de ação, que procuram aproveitar o conhecimento e fazer dele um exercício em aplicações práticas. Você não tem que ser um diretor executivo para fazer isso – qualquer um em qualquer empresa pode completar essas dez ações. Até organizações do setor público e não governamentais podem fazer um mapeamento estratégico – você mesmo assim tem competição, só é de uma natureza diferente (por exemplo, competição por financiamentos, para doadores, fundos de pesquisa, competição para ter a equipe desejada).

Completar esse dez pontos de ação, no entanto, é só o primeiro passo. Como os dois exemplos dos altos executivos dos negócios globais vistos mais cedo nesse capítulo, o segundo desafio é fazer desse tipo de pensamento um hábito. Para sua estratégia de desenvolver um bom pensamento estratégico ser uma constante, como todas as estratégias devem ser, o desafio é trazer esses pensamentos, processos e ideias para sua vida corporativa cotidiana. Ao fazer isso, serão melhorados seu pensamento estratégico, seu impacto, seu valor para seu negócio e sua carreira será, consequentemente, melhorada.

Sobrevivendo em tempos difíceis

Em tempos de "abundância" econômica, muitos erros de estratégia podem ser diminuídos ou superados por meio do desempenho empresarial. No entanto, em tempos de seca econômica e comercial, as margens para erro são consideravelmente menores e torna-se ainda mais crítico empreender um bom pensamento estratégico e uma boa implementação estratégica.

Muitos irão empreender um pensamento pobre, por meio de exercícios de corte de custos. Pode ou não ser apropriado cortar custos, mas é crítico agir de maneira bem pensada com uma direção e intenção estratégica. Isso é verdade em todas as circunstâncias, mas ainda mais em tempos de dificuldades econômicas. Há dois tipos de negócios: aqueles que entendem sua estratégia e aqueles que estão saindo no meio empresarial.

1. Não entre em pânico – é a mesma coisa, só que diferente

Este livro ofereceu pensamentos sobre gerar um bom pensamento estratégico. Os processos e ideias que vimos são igualmente aplicáveis aos bons tempos e aos tempos difíceis. Não reaja; considere as mensagens, em particular as do capítulo de domingo – a situação econômica muda a visão? Se sim, como afeta os outros fatores da escada? Não entre em pânico – você não precisa de um modo de pensar novo, mas você precisa de novas maneiras de fazer as coisas.

2. Comece agora!

A melhor hora para planejar suas estratégias para uma reviravolta econômica era há três anos. A segunda melhor hora é agora. Muitos preferem esperar para "ver como as coisas se desenvolvem". Isso pode ser inteligente, mas esperar significa "não fazer nada". "Esperar" significa observar o mercado, reunir informação, considerar uma variedade de opções estratégicas, considerar uma matriz de "e se" usando uma variedade de ferramentas, técnicas e ideias mostradas ao longo deste livro. "Esperar" provavelmente significa pensar muito mais estrategicamente e considerar o cenário, já que você tem muitas opções possíveis!

3. Não tenha medo de ser diferente

Se você segue a trilha, acabará onde todas as outras ovelhas estão. Em alguns casos, seguir o caminho convencional, fazendo o que os outros estão fazendo, irá funcionar. Em outras ocasiões, ir em direção oposta pode ser mais benéfico. Tudo depende da sua vantagem competitiva – o que, de acordo com sua análise de mapeamento competitivo, é sua vantagem aos olhos do consumidor? Essa vantagem pode ser maximizada seguindo outros ou fazendo algo totalmente diferente? Se os consumidores o veem como "tranquilizante caro", o corte na qualidade não é para você.

4. Observe a concorrência de perto

O que eles estão fazendo e por quê? Procure primeiramente entender, depois procure ver as fraquezas em suas abordagens e então procure desenvolver maneiras de conseguir tirar vantagem dessas fraquezas. Sem dar detalhes comerciais, uma empresa em que trabalhei uma vez deliberadamente lançou um produto, durante a crise financeira nos anos 1990, que era diretamente direcionado à fraqueza de um grande concorrente. Eles estavam então focados muito mais nessa parte de seu negócio, nos permitindo fazer incursões no mercado em nossas áreas principais – uma manobra deliberada (veja o capítulo de domingo).

5. Entenda sua indústria

Como crises passadas afetaram sua indústria? Quais aspectos dessa crise você acha que serão parecidos e quais serão diferentes? Como você irá tirar vantagem disso? Por exemplo, nos negócios varejistas e de viagem, as pessoas negociam para baixo – eles tendem a reduzir o nível de custo e qualidade. Essas áreas mais baixas do setor varejista estão propensas a serem bem-sucedidas. Na indústria da construção, o começo do processo é a demolição – então as empresas de demolição são geralmente as primeiras a sentir a crise e as primeiras a sentir a recuperação.

Considere os efeitos de cada camada de sua indústria – você pode querer mudar sutilmente seu posicionamento no mercado.

6. Entenda o lado interno corretamente

O capítulo de quinta-feira era sobre usar os "alicerces do negócio" para entender a parte "interna" do seu negócio corretamente. Poucos de nós começam com uma tela em branco sob a qual pintar nosso ideal de negócio – a maioria de nossos negócios tem uma posição que foi herdada.

Uma crise econômica pode ser o momento ideal para fazer mudanças para erradicar os elementos abaixo do ideal dessa análise dos alicerces. Mudanças são frequentemente inevitáveis em tempos difíceis – então aproveite a oportunidade de fazer as mudanças certas, não apenas mudanças para a sobrevivência.

7. Conheça seus *stakeholders*

Stakeholders são aqueles que têm um interesse em seu negócio – donos, equipe, clientes, fornecedores. É ainda mais crítico ter um forte conhecimento sobre eles em tempos difíceis. Se você tem uma boa consciência de quais fornecedores estão lutando para sobreviver, você estará prevenido e poderá considerar fontes de fornecimento alternativas. Se você for pego de surpresa pelo colapso de um fornecedor, pode até ser fatal para seu negócio. Se você tem um dedo no pulso das expectativas dos donos, você estará mais bem posicionado para considerar quais mudanças de direção, posicionamento de mercado, cultura e assim por diante, são apropriadas.

8. Plano para a recuperação

Recuperações econômicas acontecem – como mostra a história. Se todos os olhos estivessem focados na crise e na sobrevivência, haveria oportunidades perdidas à medida que uma recuperação emergisse. Na crise, considere o que você percebe como as prováveis "sementes da recuperação" e veja como você pode ser o primeiro a tirar vantagem delas.

Como a crise econômica irá mudar seu mercado? Faça planos para trabalhar nesse novo mercado e não no mercado "pré-crise". O mapeamento competitivo pode ser uma ferramenta muito útil nesse caso.

9. Não hesite

Uma vez que você decidiu agir – aja, não postergue. Kevin Gaskell, o homem que resgatou a Porsche e a Lamborghini tomou decisões muito corajosas. Imediatamente após a consulta do que parecia ser a marca doente terminal Porsche, ele demitiu 50% da força de trabalho, incluindo muitos de seus amigos. Era difícil, decisivo e salvou a marca, o negócio e muitos empregos por muitos anos. A alternativa de uma morte gradual e prolongada raramente é tão eficaz.

10. Não cometa os mesmos erros duas vezes

Logo cedo em minha carreira, a matriz estava considerando me colocar em um cargo mais amplo e de maior responsabilidade. A sede fez a meu chefe a seguinte questão: "Ele já cometeu o mesmo erro duas vezes?". Já usei essa pergunta muitas vezes a outros e a valorizo. Se seu negócio foi pego de surpresa, sem um plano de recessão adequado, não seja pego de surpresa novamente. O momento para desenvolver estratégias bem pensadas para uma crise não é quando a crise começa – é quando nem há uma crise no horizonte. Desde que seus planos sejam flexíveis, bem monitorados e regularmente revistos (talvez anualmente), essa é uma ótima ação preventiva.

Respostas

Domingo: 1d; 2c, d; 3b; 4a; 5a; 6b; 7c
Segunda-feira: 1a; 2c; 3d; 4d; 5a; 6b; 7c; 8b; 9a; 10c
Terça-feira: 1a; 2d; 3c; 4a; 5c; 6d; 7a; 8d; 9b; 10c
Quarta-feira: 1d; 2b; 3a; 4c,d; 5c; 6b; 7d; 8b; 9c; 10b
Quinta-feira: 1d; 2b; 3b; 4a; 5b; 6c; 7b; 8a; 9a; 10b
Sexta-feira: 1a; 2c; 3c; 4b; 5a; 6c; 7b; 8d; 9b; 10a

figurati

www.editorafigurati.com.br